Dolly Dress Book
미츠바치 케이토의
레트로 감성 인형옷

이 책은 이제껏 제가 재봉 교실에서 소개한 작품을 중심으로
20~42cm 사이즈 인형에 딱 맞는 옷 만들기를 소개합니다.
만들기에 익숙해질 때까지 조금 애먹을 수 있겠지만 괜찮아요!
서두르지 말고 자신의 페이스대로 바느질하다 보면 반드시 완성될 거예요.
그리고 재료를 고를 때, 만들 때, 완성했을 때
여러분이 '좋아하는 것과 즐거운 것'이 하나 더 늘어나길 바랍니다.
이제부터 소개하는 컬렉션 중에서
원하는 레시피를 발견하시길 …

미츠바치 케이토

모델: 머메이드 오데코짱 & 니카
만드는 법과 패턴 → P. 78

Contents

02	Little Holland	for 20 cm
04	An Apple Tart	for 22 cm
06	A Cinnamon Tart	for 42 cm
08	Just Try It !!	
18	패턴에 대하여	
20	FRONT STYLE & INDEX	
22	Freesia	for 20 cm
26	Lovely Pleat	for 20 cm
29	Winter Rose	for 20 cm
32	Little Nurse	for 22 cm
33	Sailor Style	for 22 cm
36	Snow Drop	for 22 cm
40	Tiered Skirt	for 29 cm
44	Bettena Style	for 29 cm
48	Starry Star	for 29 cm
53	French Mod	for 29 cm
56	Autumn Autumn	for 27 cm
60	Pinky Dots	for 27 cm
64	Picnic!	for 27 cm
68	A Blackberry Tart	for 42 cm
76	BACK STYLE CHECK	

Size Data

모델 인형과 옷 사이즈에 대하여

이 책에서는 기본적으로 아래 인형을 참고로
의상을 제작하고 있습니다.
각기 비슷한 사이즈 인형에 응용할 수 있으므로
아래 기재된 기준을 참고하여 다양하게 변화를 줘보세요.

◎ = 그대로 거의 OK
○ = 치마, 소매 길이를 조절하면 거의 OK
● = 허리 스냅단추 위치를 조절하면 거의 OK
△ = 허리 스냅단추 위치, 치마 길이 등을 조절해야 함

20cm = 타이니 벳시 맥콜
- ◎ 오데코짱 & 니키, 초대 리카
- ● 오비츠 22cm 보디
- △ 달(DAL)

22cm = 스키퍼
- ◎ 리카, 브라이스, 퓨어니모 보디
- ○ 오비츠 23cm 보디, 달(DAL), 기타 25cm 보디
- △ 리빙 데드 돌즈 시리즈

27cm = 프랜시
- ◎ 제니, 구버전 타카라 슈퍼 액션 보디, COCO 보디(안즈 등), 오비츠 27cm 보디, 미사키, 푸리프
- ○ 모모코 돌, 유노아 크루스 라이트

29cm = 바비
- ◎ 패션 로얄티 시리즈

42cm = 유노아 크루스 소녀
- ○ 타이니 페어리, 미니SD 큐트, 미니DD 등, 40cm 전후의 소녀 계열 보디

HOW TO MAKE THE DOLL'S DRESS!!

An Apple Tart
for 22cm doll

22cm 인형을 위한 애플 타르트

모델: 스키퍼(Twist'N Turn / 빈티지)

모델: 유노아 크루스 소녀(시스토)
메이크업 커스텀: orange honey

A Cinnamon Tart
for 42cm doll

42cm 인형을 위한 시나몬 타르트

Just Try It !!

인형 크기의 작은 옷을 만들 때는 약간의 요령이 필요합니다. 여기서는 소매 달기와 깃 달기, 안단 재봉하는 법, 시접 정리 등 각 과정을 자세히 설명합니다.
그럼 바로 "애플 타르트"와 "시나몬 타르트"를 만들어 봅시다!

스키퍼 P.4-5 / **패턴 P.18**

재료(세로 X 가로)

[스키퍼/ 22cm 사이즈]
- 겉감: 22 X 62cm (면 브로드, 시팅 등)
- 깃, 소매 안감, 요크 안감, 모자: 15 X 35cm(면 오건디, 보일 등)
- 단추: 0.6cm 폭 X 2개
- 스냅단추: 4쌍
- 리본: 0.2cm 폭 X 40cm

[유노아 크루스 소녀/ 42cm 사이즈]
- 겉감: 30 X 90cm (면 브로드, 시팅 등)
- 깃, 소매 안감, 요크 안감, 모자: 24 X 38cm(면 오건디, 보일 등)
- 단추: 1cm 폭 X 2개
- 스냅단추: 6쌍
- 리본: 0.9cm 폭 X 60cm

유노아 크루스 소녀 / **패턴 부록**

※ 사진의 유노아 크루스 소녀 큰가슴용 패턴 외에 일반가슴용 패턴도 준비되어 있습니다.

1 * 패턴을 준비한다

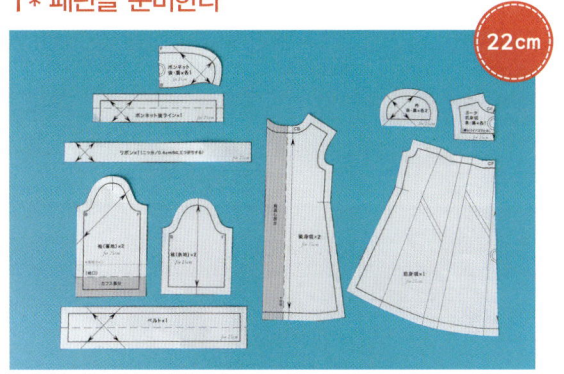
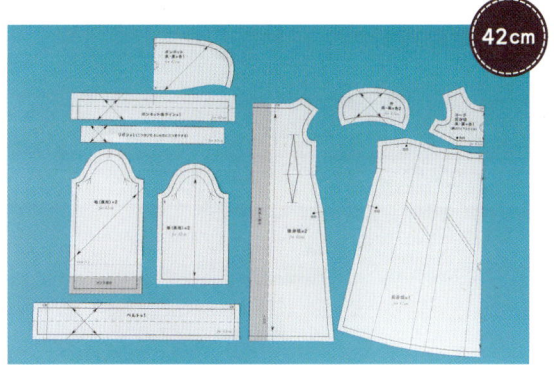

2 * 원단을 재단한다

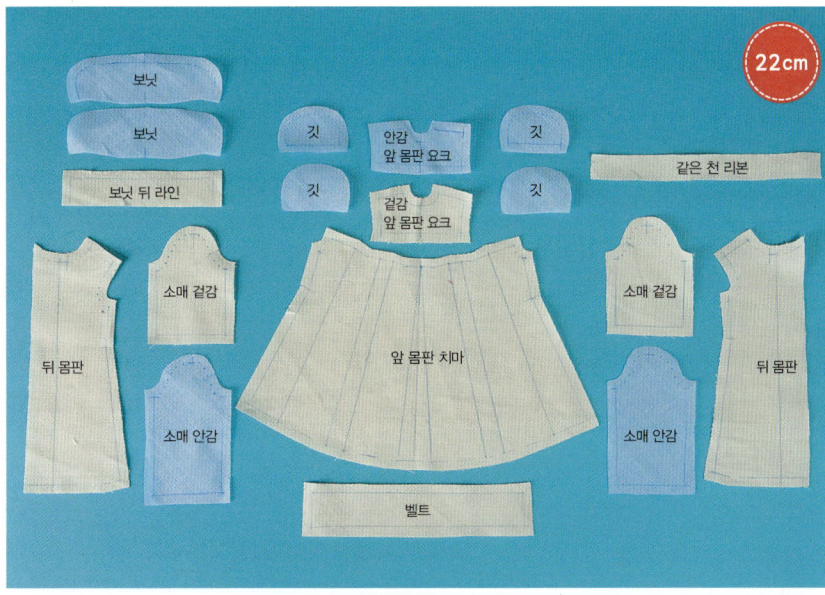

재단할 때 주의할 점

* 옷감 결 방향에 주의한다. 옷감의 식서 방향에 맞춰 패턴을 올린다.
* 골선 표시가 있는 패턴은 원단 겉끼리 마주 대어 접은 상태에서 좌우 대칭이 되도록 재단한다.
* 소매와 뒤 몸판은 좌우가 있으므로 패턴 겉감과 안감용으로 각 1장씩 필요하다. 원단을 겉끼리 마주 대고 접은 상태에서 위에 패턴을 놓고 좌우를 한 번에 재단하면 좋다.
* 안단 끝이나 옷단 등이 신경 쓰일 때는 오버로크나 지그재그 재봉 등으로 정리한다.

시접 그릴 때 주의할 점

* 직선은 자를 사용해 그린다.
* 곡선을 그릴 때는 천이 주름지지 않도록 점선으로 표시한다.
* '맞춤' 표시(CF, CB 등)는 시접 부분에 살짝 가위집을 넣는다. 패턴에 가위집을 넣는 부분이 표시되어 있으므로 참고한다.
* 플리츠 라인, 뒷단 라인에는 반드시 안내선을 그린다.
* 유노아 사이즈는 뒤 몸판에 다트 표시가 있다. 패턴을 올린 상태에서 송곳을 이용해 살짝 구멍을 표시한 후, 자를 대고 선을 긋는다.

3 * 앞 몸판 치마 주름 잡기

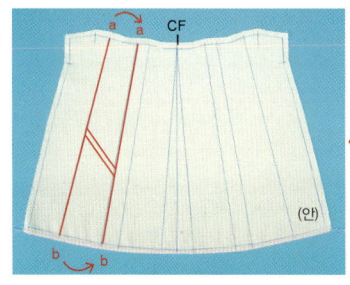 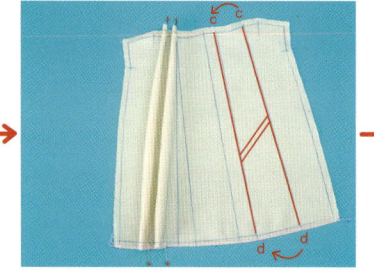 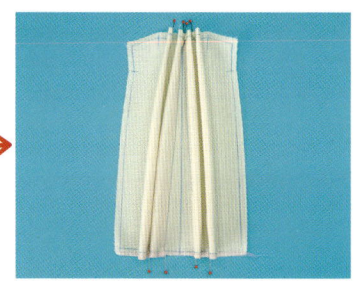

앞 몸판 스커트 안쪽 면에 주름 라인을 표시한다. 허리와 요크 라인에도 '맞춤' 표시를 한다.

aa, bb, cc, dd가 각각 만나도록 높은 사선의 쪽에서 낮은 쪽으로 접어준다.

반대쪽도 접어서 핀으로 고정한다.

4 * 주름 부분을 다림질한다

  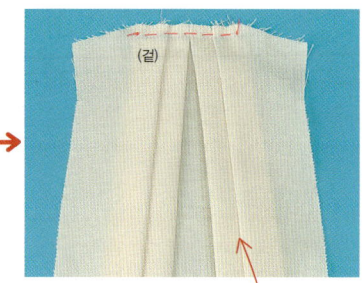

접은 선 방향에 주의하며 다림질한다. 주름 선이 어긋나지 않도록 주의한다.

반대쪽도 같은 방법으로 다림질하고 주름 윗부분에 시침질한다.

겉에서 주름을 확인한다.

> 앞 중심(CF)이 어긋나지 않았는지, 주름 방향이 맞는지 확인!!

5 * 앞 몸판 치마와 요크 연결하기

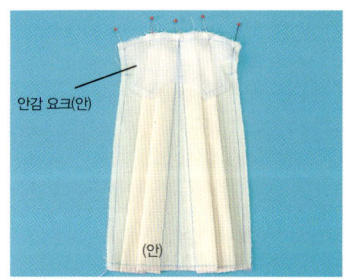

앞 몸판 요크 2장은 앞 몸판 치마를 사이에 두고, 겉면끼리 마주 댄다. 이때 앞중심(CF)의 맞춤 표시를 잘 맞춘다.
※스키퍼 사이즈는 요크 라인이 직선이므로 똑바로 맞춘다.

요크 라인을 재봉한다. 앞중심이 어긋나지 않도록 주의한다.

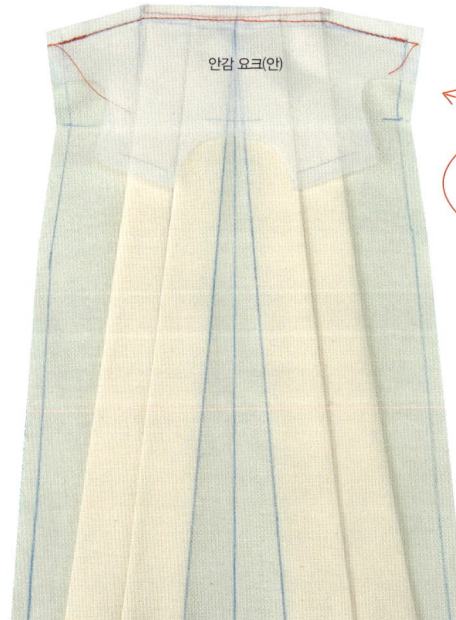

check!
> 치마 안쪽에서 봤을 때, 안감 요크, 치마, 겉감 요크 순으로 겹쳐졌는지 확인!!

6 * 요크를 겉으로 뒤집기

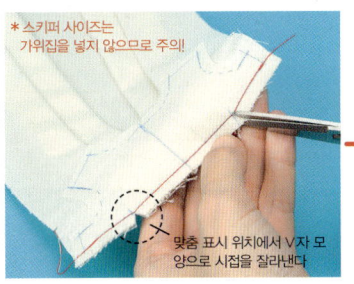

되도록 안쪽에서 다림질한다.

이 부분

*스키퍼 사이즈는 가위집을 넣지 않으므로 주의!

요크를 겉으로 뒤집는다. 유노아 사이즈의 경우, 완성선 근처까지 가위집을 넣어 주름지지 않도록 한다. 맞춤 표시 위치에서 V자 모양으로 시접을 잘라낸다.

시접을 위로 접어 다림질한다. 유노아 사이즈는 가슴이 입체적이기 때문에 다림질할 때 놀리지 않도록 주의한다.

7 * 뒤 몸판 다트 재봉하기 (이 작업은 유노아 사이즈에만 적용. 스키퍼 사이즈는 8번으로 이동)

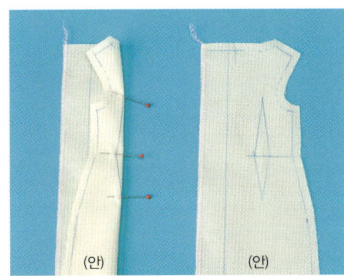
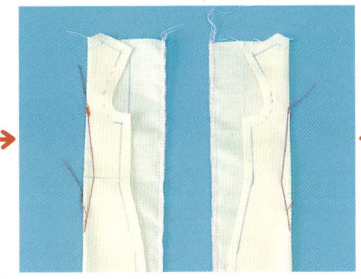
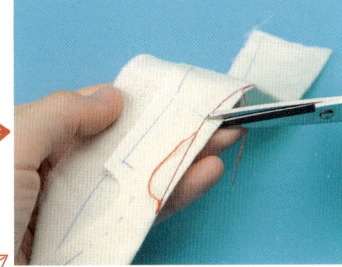

뒤 몸판의 다트를 각각 겉끼리 마주 대고 접어 핀으로 고정한다.

뒤 몸판 다트를 재봉한다.

가위집을 넣지 않으면 겉으로 뒤집었을 때 천이 운다

다트의 허리 부분은 시접 끝까지 가위집을 넣는다. 다른 한쪽도 같은 위치에 가위집을 넣는다.

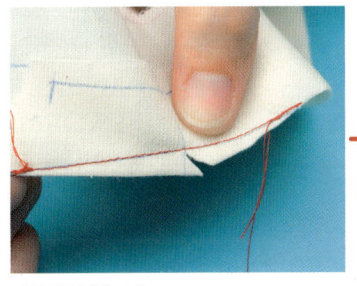

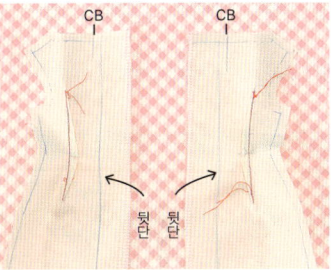

가위집을 넣은 모습.

다트를 뒤중심 쪽(CB)으로 접어서 다림질한다.

반대쪽 다트도 뒤중심 쪽(CB)으로 접어 다림질한다.

8 * 안단 접기

확대해 보면

뒷단 위치에 맞춰 안단 부분을 접은 후 다림질한다.

뒤중심(CB)과 혼동하지 않도록 주의한다.

9 * 어깨 연결하기

안단까지 재봉하지 않도록 주의!

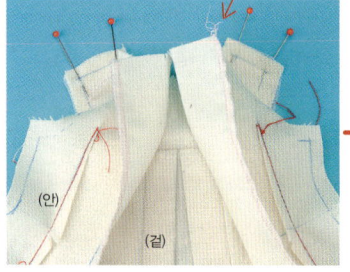
앞 몸판과 뒤 몸판의 어깨를 겉끼리 마주대고 핀으로 고정한다.

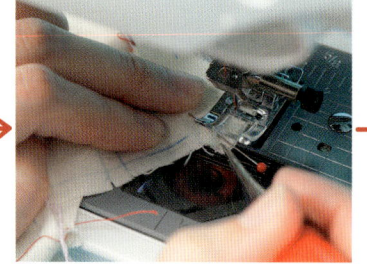
앞 몸판과 뒤 몸판의 어깨는 시접을 0.5cm 두고 재봉한다. 좁은 부분을 박을 때는 송곳으로 눌러가며 박으면 쉽다.

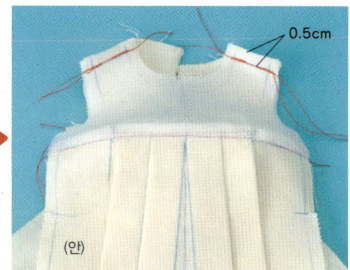
어깨를 재봉해 연결한 모습.

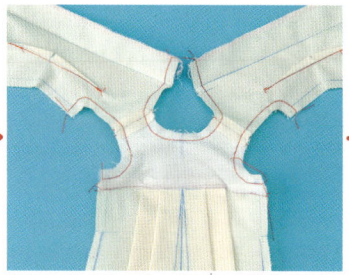
어깨 시접을 다림질로 펼친다.

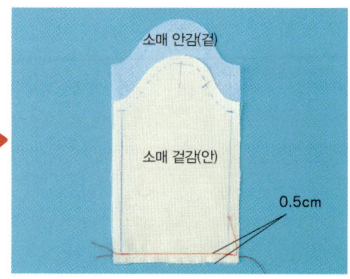
소매 둘레와 목둘레의 완성선(0.5cm)에 스티치를 넣는다.
※소매와 깃을 달면서 가위집을 넣을 경우, 미리 스티치를 해주면 보강되는 효과가 있다.

10 * 소매 만들기

소매 겉감과 안감을 소매 입구에 맞춰 겉끼리 마주 대고 소매 입구(커프스 부분)를 재봉한다.

유노아 사이즈 1.2cm
스키퍼 사이즈 0.9cm

소매 입구 시접을 소매 겉감 쪽으로 접어 다림질한다.

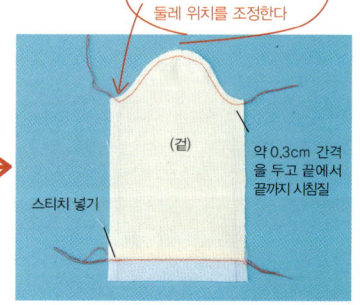
겉으로 뒤집고 소매 입구를 잘 접어 다림질한다. 이때 여분의 안감이 커프스가 된다.

소매를 달 때 이 실을 잡아당겨서 소매산과 소매둘레 위치를 조정한다

약 0.3cm 간격을 두고 끝에서 끝까지 시침질

스티치 넣기

소매 입구의 재봉 간격과 똑같이 스티치(박음질)를 넣어주면 겉감이 고정되는 동시에 안감이 겉으로 나오지 않는다. 소매산은 시침질한다.

11 * 소매 달기

소매 앞뒤 좌우를 잘 확인한다

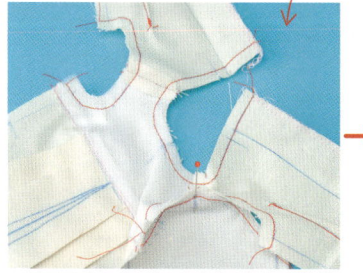
몸판 소매둘레와 소매를 겉끼리 마주 대고 어깨의 '맞춤' 표시 부분을 핀으로 고정한다.

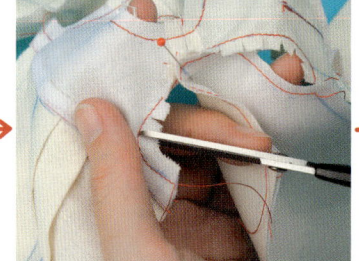
몸판 소매둘레 시접에 전체적으로 가위집을 넣는다. 소매에는 가위집을 넣지 않는다.
※소매둘레와 소매산을 맞출 때, 소매둘레가 시접 둘레보다 짧아지기 때문에 가위집을 넣어 펼치면 소매산과 맞추기 쉽다.

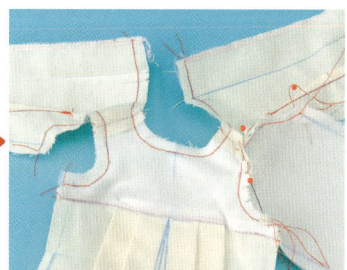
소매둘레와 소매의 양끝을 핀으로 고정하고 소매둘레를 재봉한다.
※소매 쪽이 큰 경우는 시침질한 실을 당겨서 살짝 주름을 준다(줄이기). 소매 쪽이 작은 경우에는 몸판 소매둘레에 가위집이 적거나 얕지 않은지 확인한다.

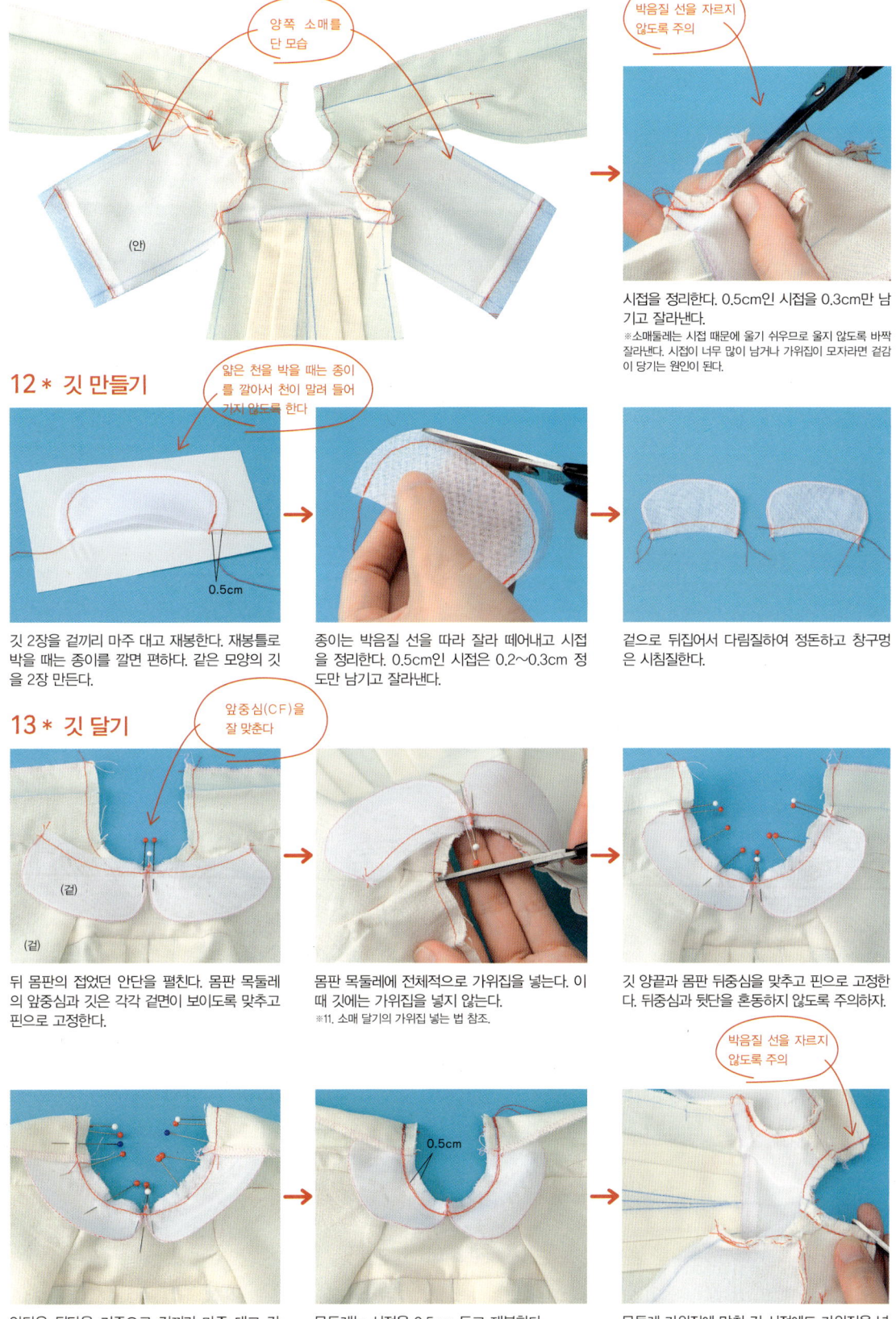

목둘레 시접을 몸판 쪽으로 접어 다림질한다.

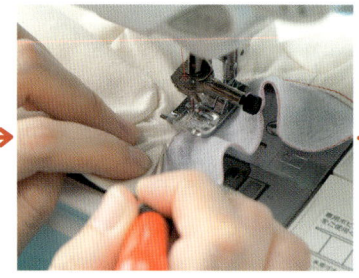
깃을 올리고 깃에 가려지는 부분의 완성선에서 0.1~0.2cm 위치에 스티치를 넣는다.

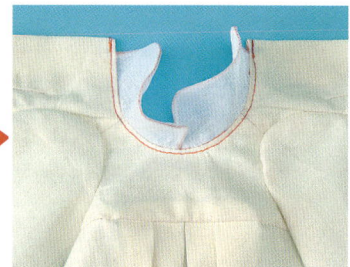
스티치를 넣은 모습.

14 * 옆선과 소매 아래 재봉하기

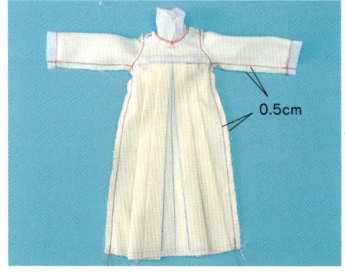
옆선부터 소매 아래까지를 시접 0.5cm 남기고 재봉한다.

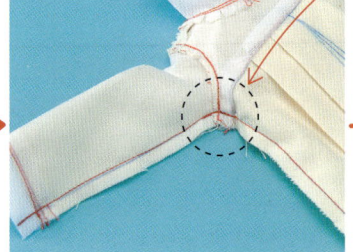
소매둘레 시접은 소매 쪽으로 접은 후 재봉한다.

소매 쪽으로 접으면 소매산이 시접 두께만큼 입체적으로 표현된다

겨드랑이 부분의 시접은 잘라낸다.

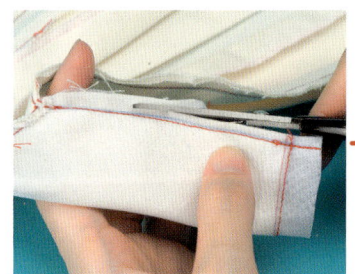
소매 아래 0.5cm인 시접을 0.3cm만 남기고 잘라낸다.

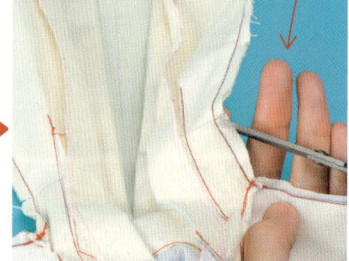
허리의 '맞춤' 표시 부분에 가위집을 넣는다.

겉으로 뒤집었을 때 천이 당기지 않도록 이 부분도 뒤 몸판 다트처럼 가위집을 넣어준다

거의 다 왔어!

몸판 옆선 시접을 접어 다림질한다. 허리 부분의 가위집 아래로는 가름솔한다.

허리 부분의 가위집 위 시접은 몸판 쪽으로 접는다.

걸리적거리지 않도록 핀으로 고정

15 * 밑단 재봉하기

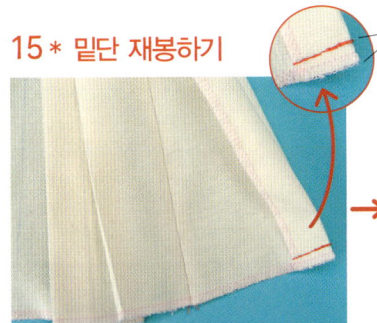

안단 부분의 밑단은 뒷단에 맞춰 겉끼리 마주 대고 재봉한다.

안단 부분의 밑단을 겉으로 뒤집고 밑단 전체를 접어 다림질한다.

전체 밑단을 재봉한다.

16 * 같은 천으로 리본 만들기

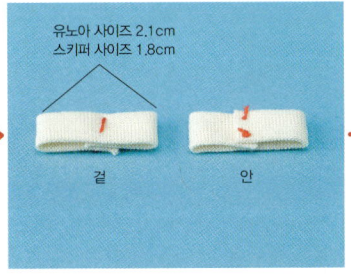
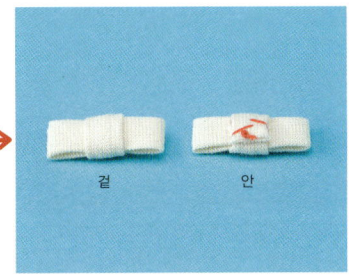

겉감과 같은 천 리본은 3등분 접기 해서 다림질한다.

각각 사이즈에 맞는 길이로 접어 가운데를 재봉한다. 같은 방식으로 원피스용과 보닛용 리본을 2개 더 만든다.

3등분으로 접은 여분의 리본 천으로 리본 가운데를 감아 재봉한다.

17 * 리본과 스냅단추 달기

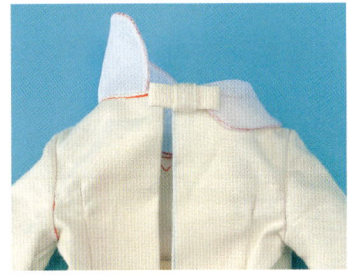

16에서 만든 리본을 뒤쪽 깃 끝에 단다.

트임 부분에 스냅 단추를 단다. 유노아 사이즈는 5쌍, 스키퍼 사이즈는 3쌍을 단다.

이제 거의 완성. 마지막으로 벨트와 보닛을 만들자!

18 * 벨트 달기

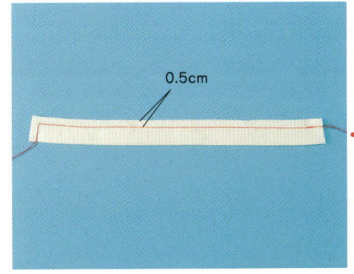
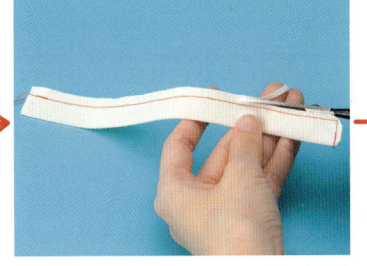
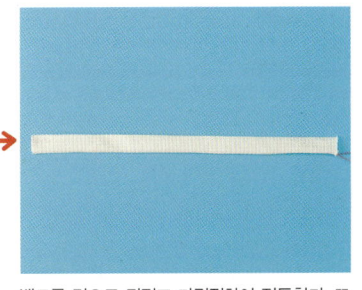

벨트는 겉끼리 마주 대고 접어 시접을 0.5cm 두고 재봉한다. 창구멍 부분은 재봉하지 않는다.

모서리는 잘라내고, 0.5cm인 시접을 0.2~0.3cm만 남기고 잘라낸다.

벨트를 겉으로 뒤집고 다림질하여 정돈한다. 뜨개바늘 등 가늘고 긴 물건을 이용하여 모서리까지 잘 뒤집는다.

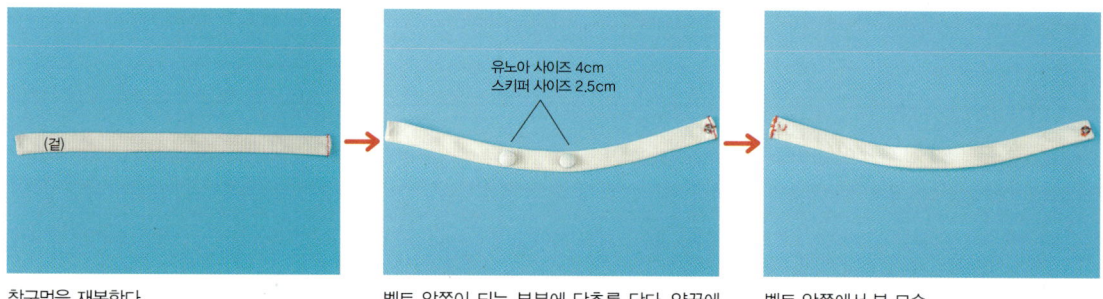

창구멍을 재봉한다.

벨트 앞쪽이 되는 부분에 단추를 단다. 양끝에는 스냅단추를 단다.

벨트 안쪽에서 본 모습.

19 * 보닛 만들기

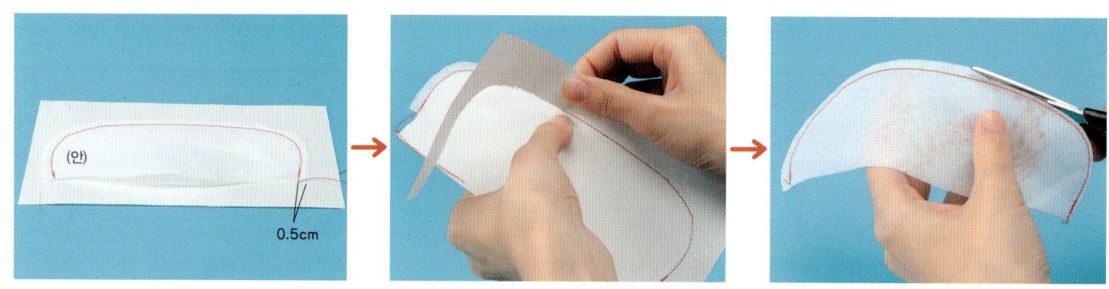

깃 만들기와 같은 방식으로 겉끼리 마주 대고 재봉한다. 재봉틀로 박을 때는 아래에 종이를 깐다.

박음질 선을 따라 종이를 떼어낸다.

시접을 정리한다. 0.5cm인 시접을 0.2~0.3cm만 남기고 잘라낸다.

 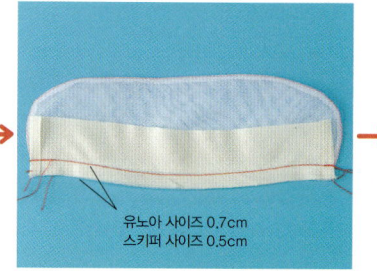 

겉으로 뒤집고 다림질로 정돈한다.

보닛과 보닛 뒤 라인을 재봉한다. 이때 보닛 뒤 라인의 양끝을 접어서 재봉한다.

보닛 뒤 라인의 시접을 뒤 라인 쪽으로 접어 다림질한다.

 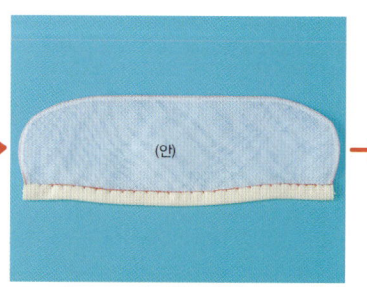 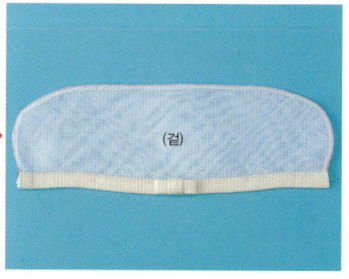

뒤 라인 폭이 유노아 사이즈는 0.7cm, 스키퍼 사이즈는 0.5cm가 되도록 접어 다림질한다.

안쪽 면에서 공그르기한다.

16에서 만들어둔 같은 천 리본을 보닛의 뒤중심에 단다.

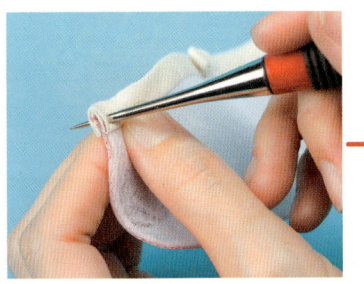
보닛 뒤 라인의 양끝에 송곳으로 구멍을 낸다.

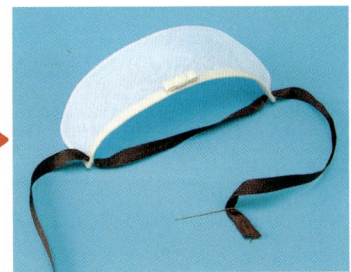
자수 바늘 등 두꺼운 바늘을 이용하여 리본을 통과시킨다.

리본을 목 뒤로 둘러준다. 유노아 사이즈 보닛은 오데코짱에게도 잘 맞는다.

완성!

column
액자 장식

작은 옷은 인형에 입히는 것 말고도 액자로 만들어도 좋습니다. 가장 쉬운 방법은 적당한 두께의 우레탄 판에 천을 씌워서 기성 액자에 끼우는 것입니다. 옷 안에 부드러운 종이를 넣어 입체감을 줘도 좋습니다. 실크 핀(시침 핀 등)이 보이지 않도록 꽂아주면 됩니다.

패턴에 대하여

이 페이지의 패턴뿐만 아니라 이 책에 나온 패턴은 전부 실제 크기이며 시접 포함입니다. 안쪽의 두꺼운 선이 완성선입니다. 패턴의 〈*맞춤〉 표시 부분에서는 0.2~0.3cm 정도의 가위집을 넣어 맞춤 표시를 합니다. 패턴이 준비됐으면 좌우 표시와 원단의 겉과 안 등을 잘 보며 베껴 그려주세요.

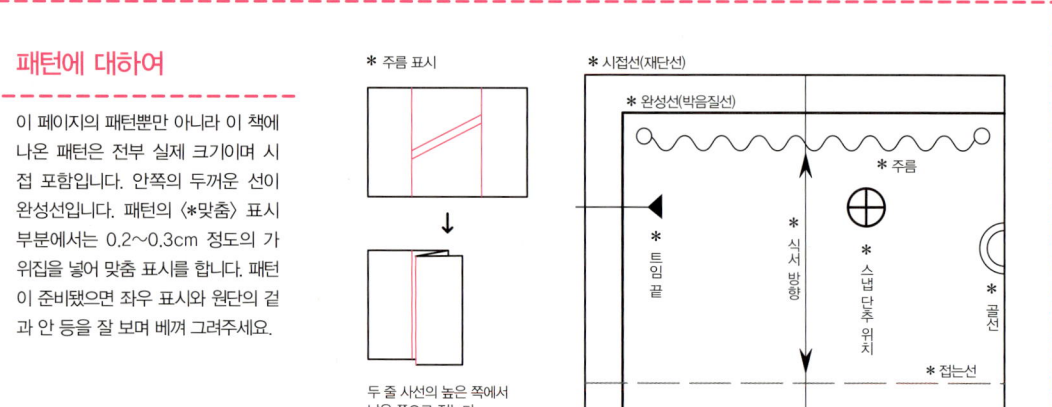

for 22cm doll

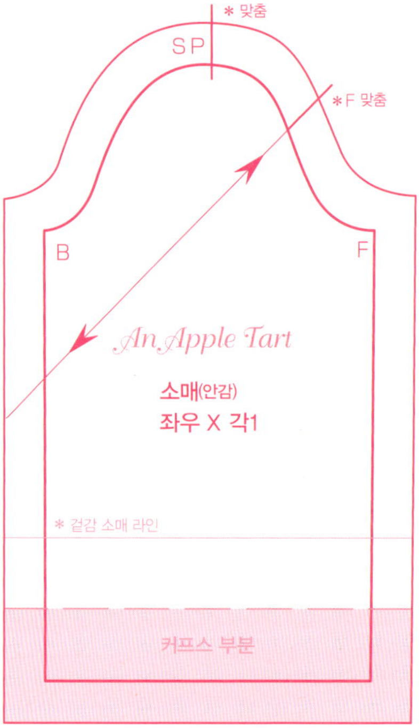

패턴에 대하여

* CB = 뒤중심
* CF = 앞중심
* B = 뒤   * F = 앞
* SP = 숄더 포인트
* 골선 = 천을 접었을 때 접은 부분과 패턴의 '골선' 표시를 맞춰 놓고 좌우 대칭으로 재단한다
* 식서 방향 = 원단의 세로 방향에 맞춘다

스키퍼®
P.4

만드는 법
P.8-17

An Apple Tart
소매(안감)
좌우 X 각1

An Apple Tart
뒤 몸판
좌우 X 각1

An Apple Tart

An Apple Tart
소매(겉감)
좌우 X 각1

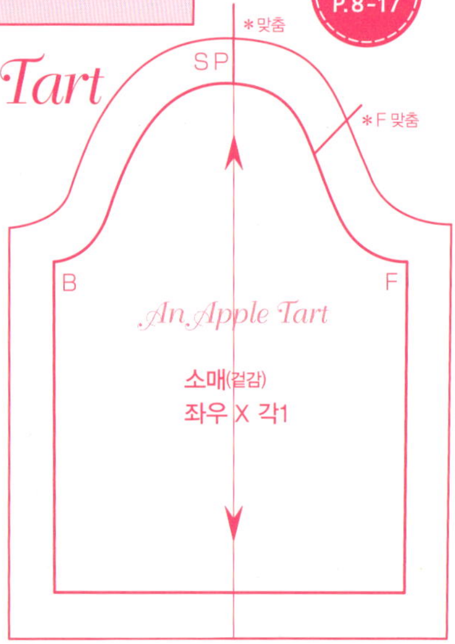

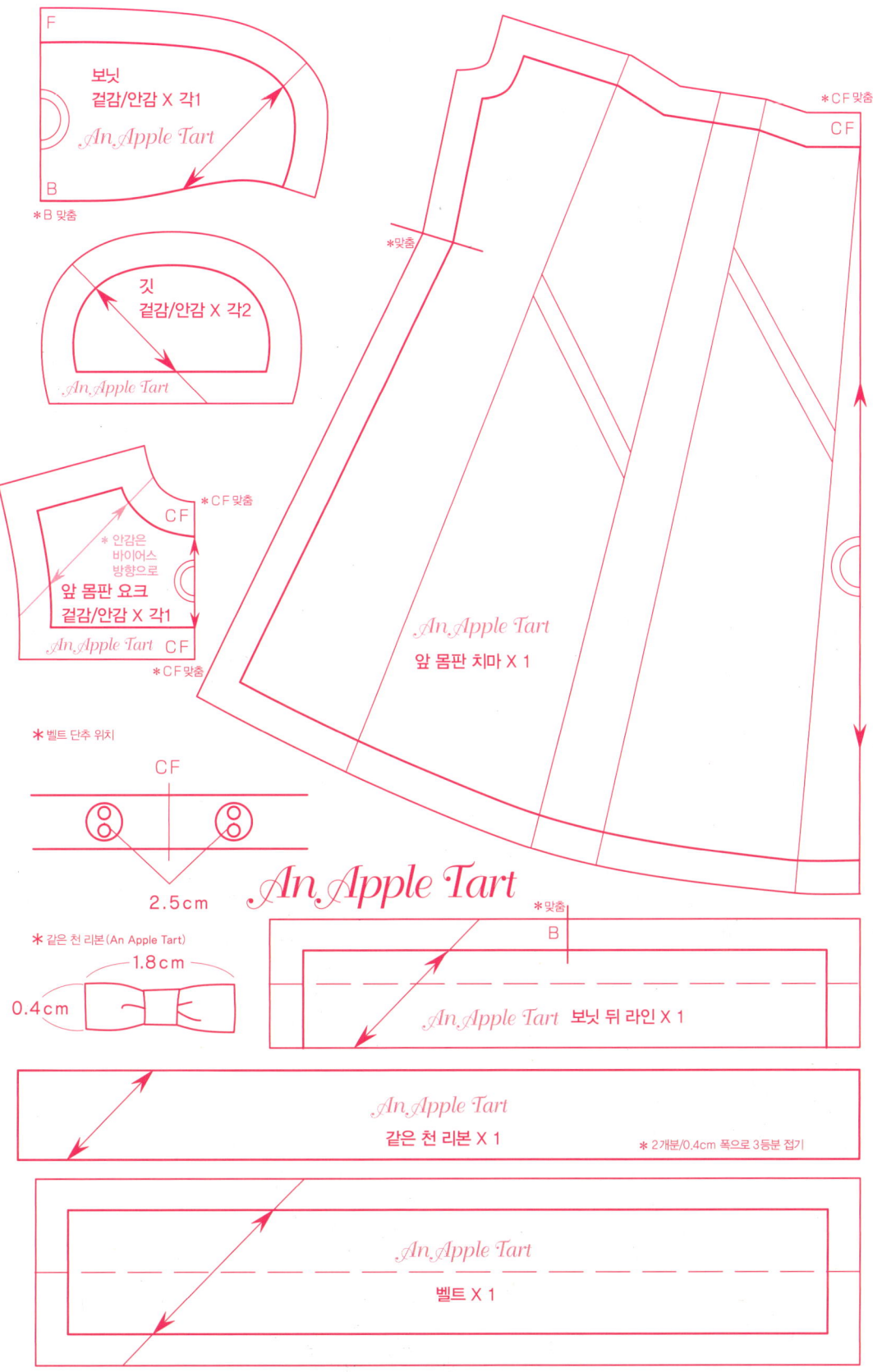

for 29cm doll

바비® P.40

키요리 P.44

TNT 바비® P.48

스테이시® P.53

for 42cm doll

유노아 크루스 소녀 P.68

for 20cm doll

Freesia 프리지어

오데코짱 & 니키
P.24

재료(세로 X 가로)

겉감: 50 X 35cm
안감(오건디 원단): 12 X 12cm
안단 분량: 18 X 18cm
스냅단추: 5쌍
레이스: 0.7~1cm 폭 X 40cm
버클: 안쪽 폭 1cm X 1개
리본(좁은 것): 0.3cm 폭 X 60cm
리본(넓은 것): 0.7cm 폭 X 40cm
단추: 0.4cm 폭 X 4개

만드는 법

[원피스]

1. 깃의 겉감과 안감을 겹쳐 재봉해 깃을 완성한다.
2. 위 몸판 목둘레에 깃을 시침질하여 임시로 단다.
3. 위 몸판과 안단을 겉끼리 마주 대고 앞단과 목둘레를 재봉하고, 겉으로 뒤집은 다음 다림질하여 정돈한다.
4. 소매 입구를 정리하고 선을 따라 재봉한다. 겉감과 안단이 겹쳐진 상태에서, 소매 둘레에 스티치를 넣고 위 몸판에 소매를 단다.
5. 앞 가리개를 그림과 같이 접어 레이스와 라인을 달고, 위 몸판 왼쪽 목둘레에 스티치를 넣어 단다. 옆선을 재봉한다.
6. 치마 단에 레이스를 단다. 치마 안단을 겉끼리 마주 댄 상태에서 단 부분을 재봉하고 겉으로 뒤집는다. 단을 다림질하여 정돈한다.
7. 치마 허리 부분 턱을 접어 임시로 시침질한다.
8. 위 몸판과 치마를 재봉해 연결한다.
9. 벨트를 만든다.
10. 앞에 리본과 단추를 달고, 트임 부분에는 스냅단추를 단다.

[베레모]

11. 베레모 사이드의 겉감과 안감을 겉끼리 마주 대고 입구 쪽을 재봉한 후 겉으로 뒤집는다.
12. 베레모 사이드의 뒤중심을 재봉한다.
13. 베레모 탑과 사이드를 겉끼리 마주 대고 주변을 재봉한 후 겉으로 뒤집는다.

1

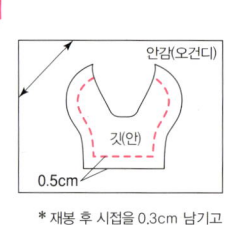

2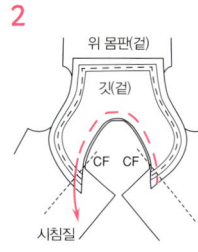

3

4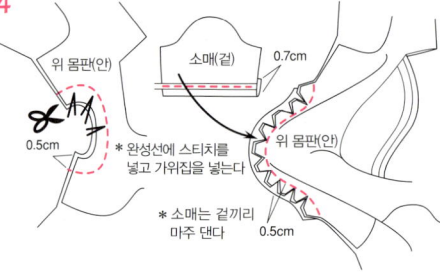

5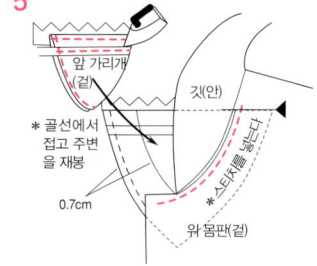

6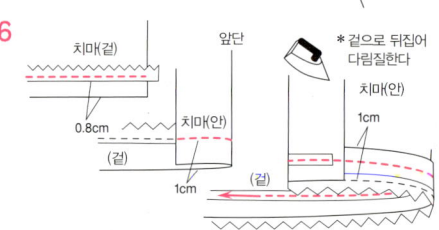

7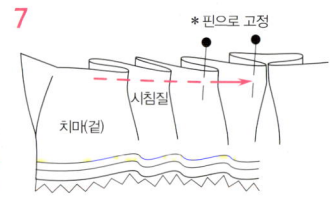

8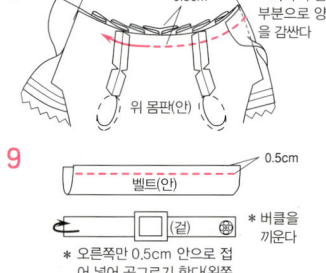

9

10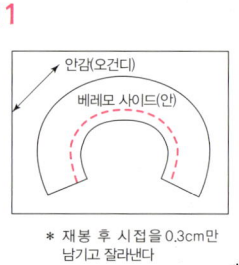

11

12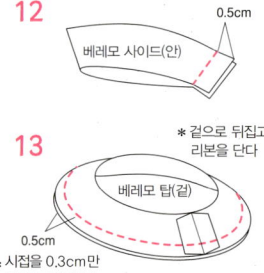

13

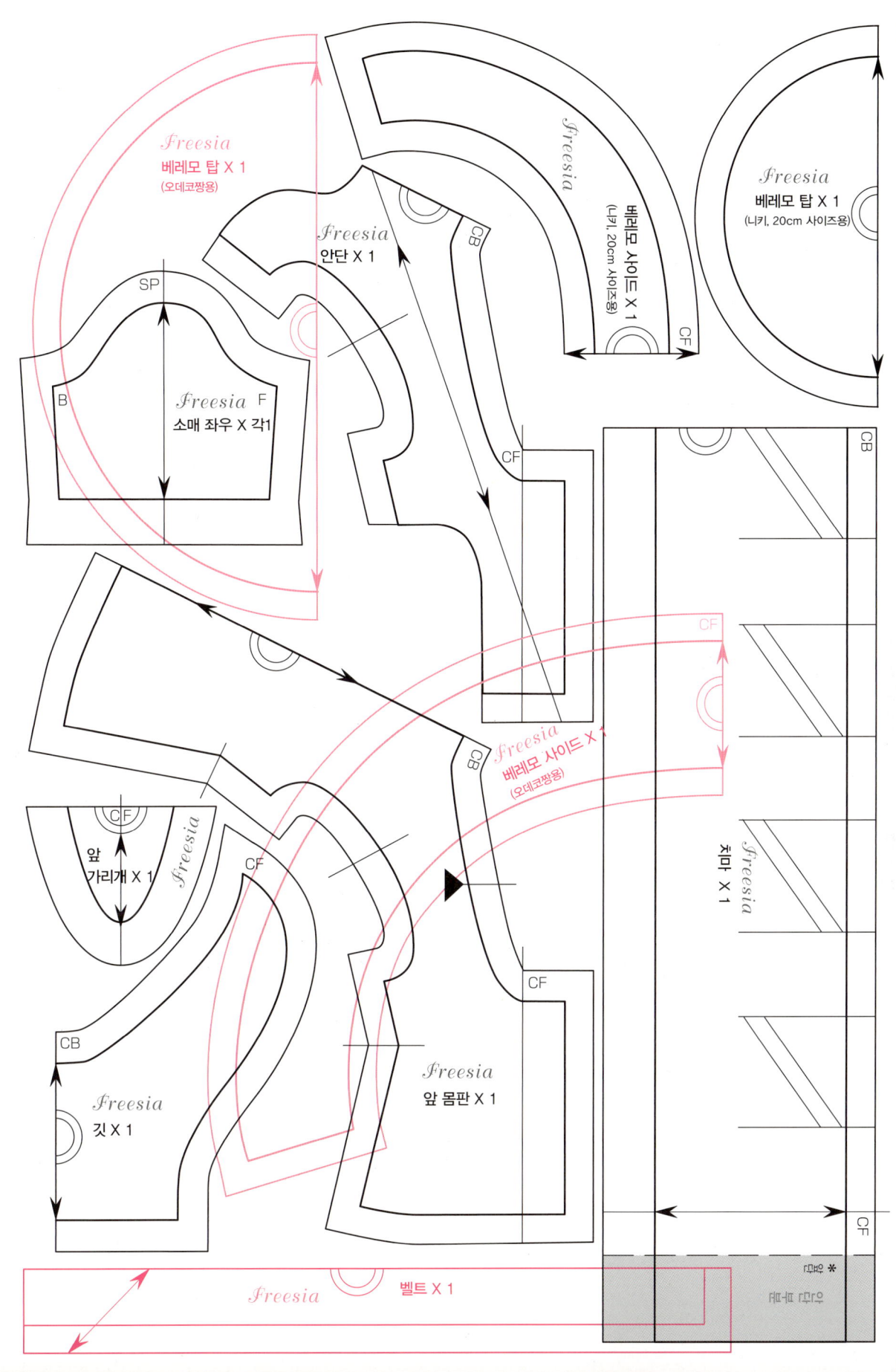

Freesia
for 20cm doll
20cm 인형을 위한 프리지어

모델: ninita의 오데코짱 & 니키
(헤어 커스텀)

Lovely Pleat 러블리 플리츠

for 20cm doll

타이니 벳시 맥콜 P.28

재료(세로 X 가로)

겉감: 40 X 50cm
안감(오건디): 15 X 15cm
리크랙 테이프(넓은 것): 45cm
리크랙 테이프(좁은 것): 50cm
단추: 0.6cm 폭 X 3개
스냅 단추: 2쌍
자수실: 적당량

만드는 법

[원피스]

1. 위 몸판과 깃을 바이어스 재단한 안감(오건디)과 겉끼리 마주 대고 각각 재봉한다. 시접을 정리한 후, 겉으로 뒤집어 다림질하여 정돈한다.
2. 깃 주위에 리크랙 테이프를 재봉해 붙이고 자수를 놓는다.
3. 소매 입구 프릴을 그림처럼 접어 시침질한다. 소매 프릴에 주름을 잡고 몸판 소매 입구에 재봉해 붙인다.
4. 몸판 목둘레에 깃을 단다.
5. 치마 단을 정리하고, 리크랙 테이프를 재봉해 붙인다.
6. 플리츠를 접어 재봉하고, 다림질로 주름을 잡는다.
7. 위 몸판과 치마는 겉끼리 마주 대고 허리 부분을 재봉한다.
8. 치마 뒤중심을 재봉하고 겉으로 뒤집은 다음 트임을 처리한다.
9. 플리츠 끝에 장식 단추를 달고, 트임에는 스냅 단추를 단다.

[보닛]

10. 보닛 겉감과 안감을 겉끼리 마주 대어 주변을 재봉하고 겉으로 뒤집은 다음 다림질하여 정돈한다.
11. 보닛 안쪽면에 리크랙 테이프를 붙인다. 보닛 입구는 완성선에 스티치를 넣고 가위집을 넣는다. 리본을 만들어 보닛 입구에 붙인다.

1
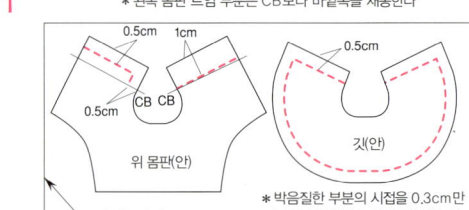

2
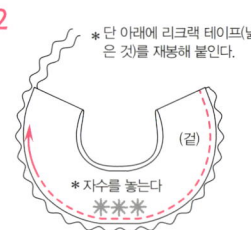

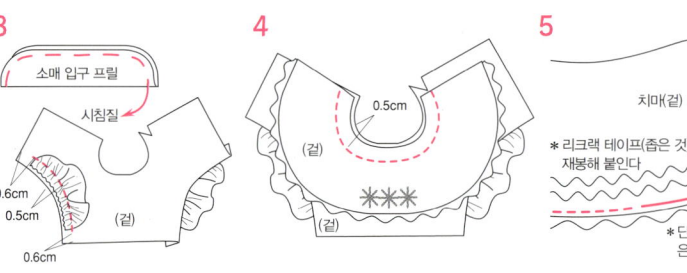

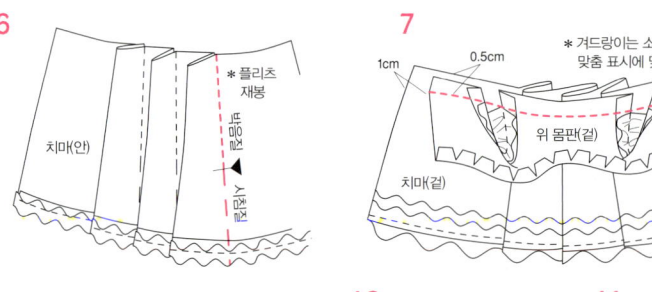

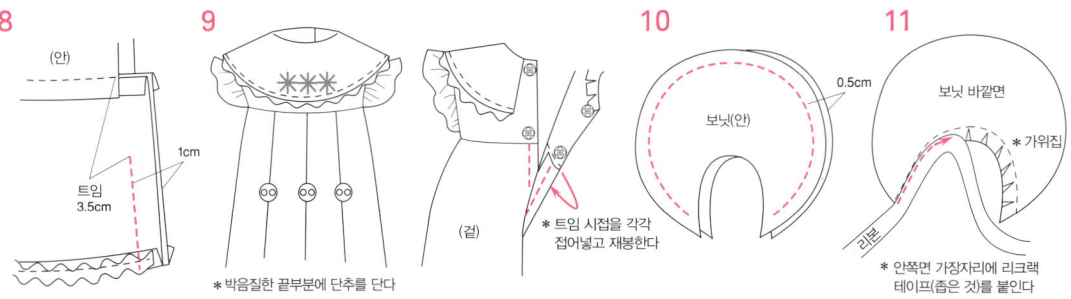

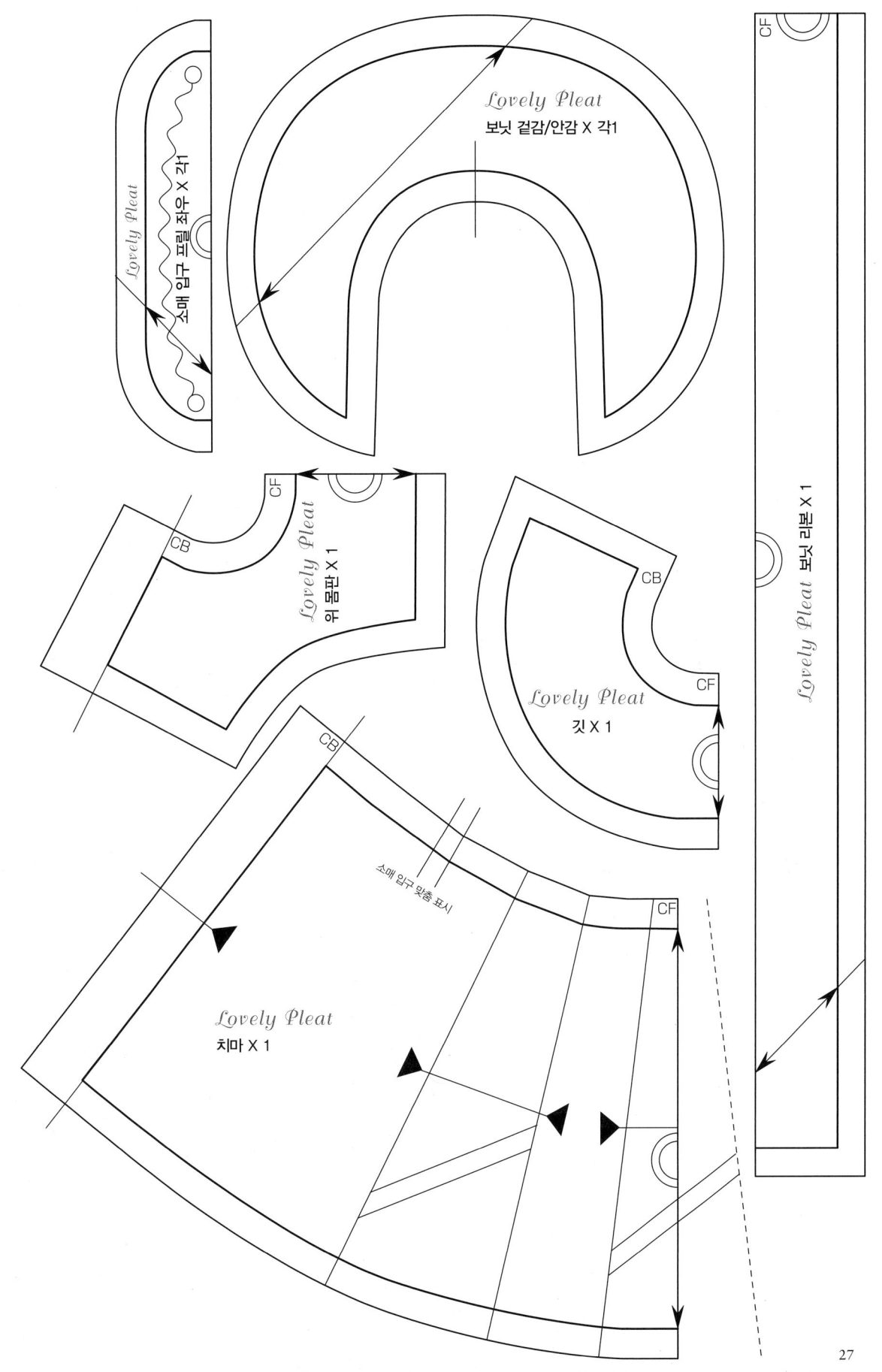

모델: 타이니 벳시 맥콜(빈티지)

Lovely Pleat
for 20cm doll
20cm 인형을 위한 러블리 플리츠

Winter Rose
for 20cm doll
20cm 인형을 위한 윈터 로즈

모델: 타이니 벳시 맥콜(빈티지)

Winter Rose 윈터 로즈

for 20cm doll

타이니 벳시 맥콜 P.29

재료(세로 × 가로)

겉감: 30 × 40cm
면 론(페티코트): 10 × 24cm
펠트(후드): 8 × 14cm
얇은 코튼(안단용): 7 × 8cm
펄 비즈: 0.3cm 폭 × 6개
스냅 단추: 2쌍
걸고리 후크: 1쌍
프릴, 고무, 자수실, 리본:
 각 적당량

만드는 법

[코트]
1. 각각의 몸판 부분을 맞춰 박는다.
2. 소매 입구를 정리하고 몸판 소매 둘레에 소매를 재봉해 단다.
3. 어깨선을 재봉하고 겉으로 뒤집는다.
4. 목둘레와 안단을 맞춰 박는다.
5. 몸판 안단의 단을 겉끼리 마주 대고 밑단 전체를 박는다. 겉으로 뒤집어서 단을 정리한다. 트임에 스냅 단추와 걸고리 후크를 단다.
6. 몸판에 자수를 놓고, 앞에 단추를 단다.

[후드]
7. 뒤 중심을 박고 윗부분을 재봉한다.
8. 겉으로 뒤집어서 리본을 단다.

[페티코트]
9. 단에 프릴을 재봉해 붙인다. 고무줄 넣을 부분을 박고 고무줄을 통과시킨다.
10. 고무줄과 함께 뒤중심을 박는다.

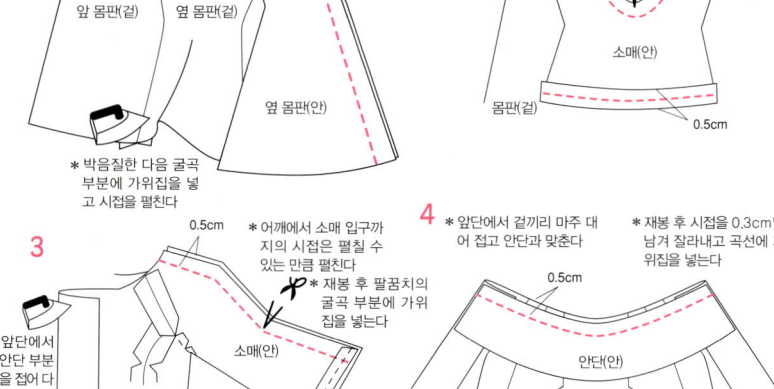

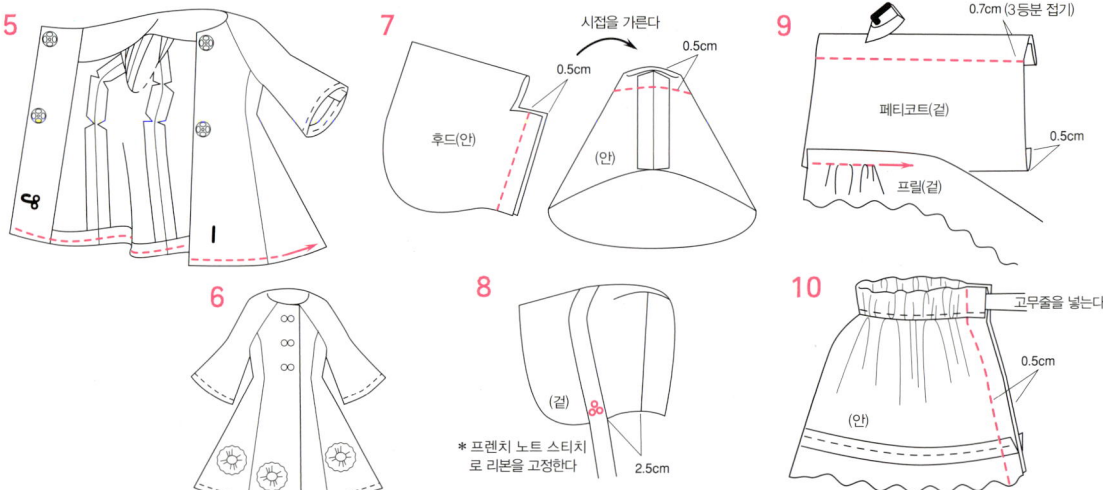

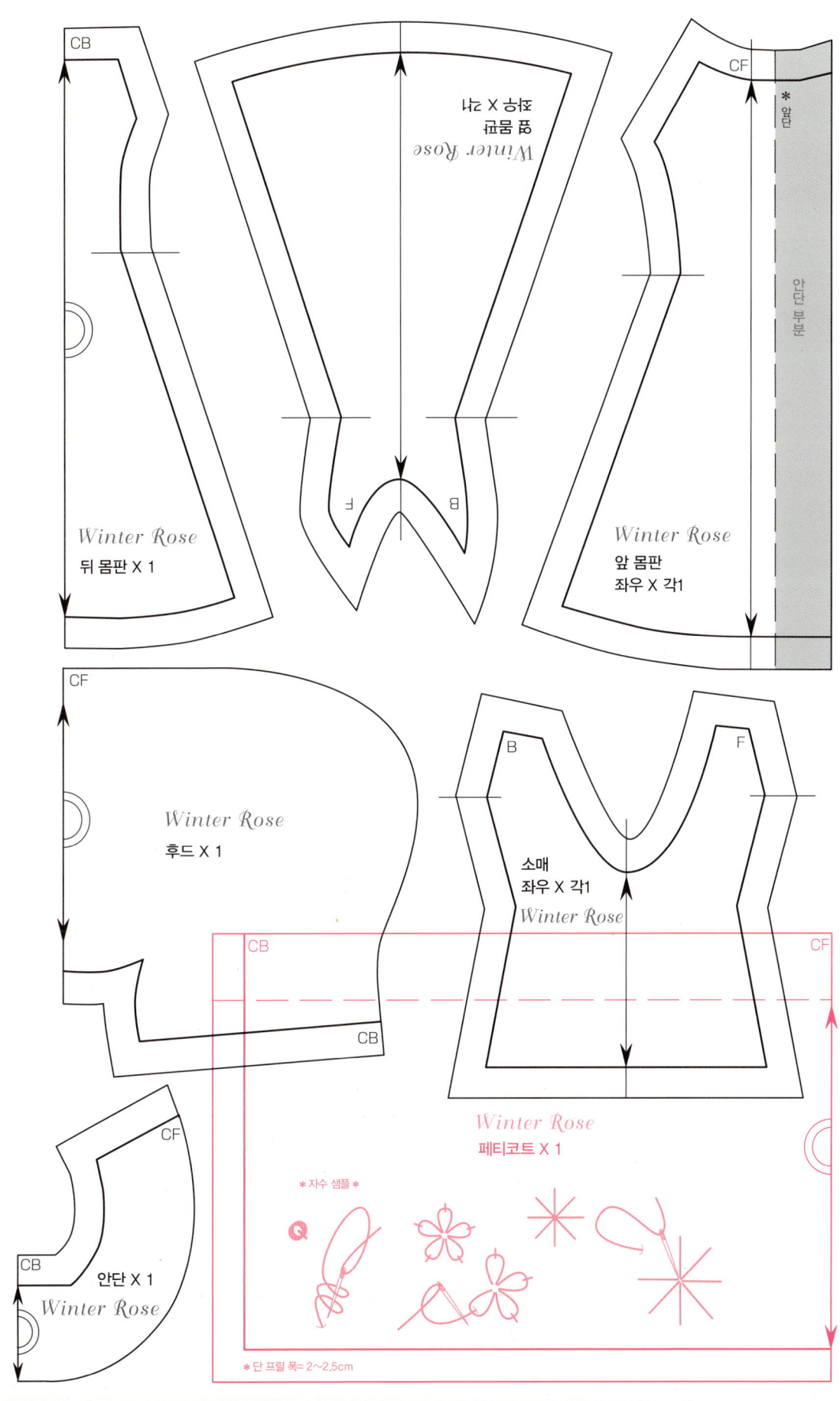

Little Nurse
for 22cm doll
22cm 인형을 위한 리틀 너스

모델: 스키퍼(Living / 빈티지), 패턴: P. 75

Sailor Style
for 22cm doll

22cm 인형을 위한 세일러 스타일

for 22cm doll

Little Nurse 리틀 너스

패턴 P.75

스키퍼® P.32

재료(세로 X 가로)
- 겉감: 20 X 35cm
- 흰 원단: 60 X 60cm
  (앞치마, 캡, 깃, 커프스)
- 레이스(좁은 것): 45cm
- 단추: 0.6cm 폭 X 1개
- 리본: 적당량
- 스냅 단추: 4쌍

만드는 법

[원피스]
1. 위 몸판의 앞뒤 어깨를 각각 재봉해 붙인다.
2. 깃과 커프스를 만들어, 목둘레와 소매 둘레에 각각 단다. 목둘레와 소매 둘레 시접에 가위집을 넣고 시접은 몸판 쪽으로 접는다.
3. 치마 단을 정리하고 허리 부분은 시침질한다.
4. 위 몸판과 치마를 겉끼리 마주 대고 치마 허리 부분에 주름을 잡아 재봉해 붙인다.
5. 겉으로 뒤집어 깃 끝에 리본을 달고 트임에 스냅 단추를 단다.

[앞치마]
6. 단을 기준으로 겉끼리 마주 대어 접어서 가장자리를 박고 겉으로 뒤집는다.
7. 소매 둘레와 단에 레이스를 달고 주머니를 단다. 허리에 시침질한다.
8. 허리 벨트를 재봉해 겉으로 뒤집은 다음, 앞치마 겉에서 박음질해 붙인다.

[간호사 캡]
9. 겉감과 안감을 겉끼리 마주 대어 창구멍을 남기고 재봉하고 겉으로 뒤집는다.
10. 잘 접은 후 뒤에서 단추와 함께 재봉해 붙인다.

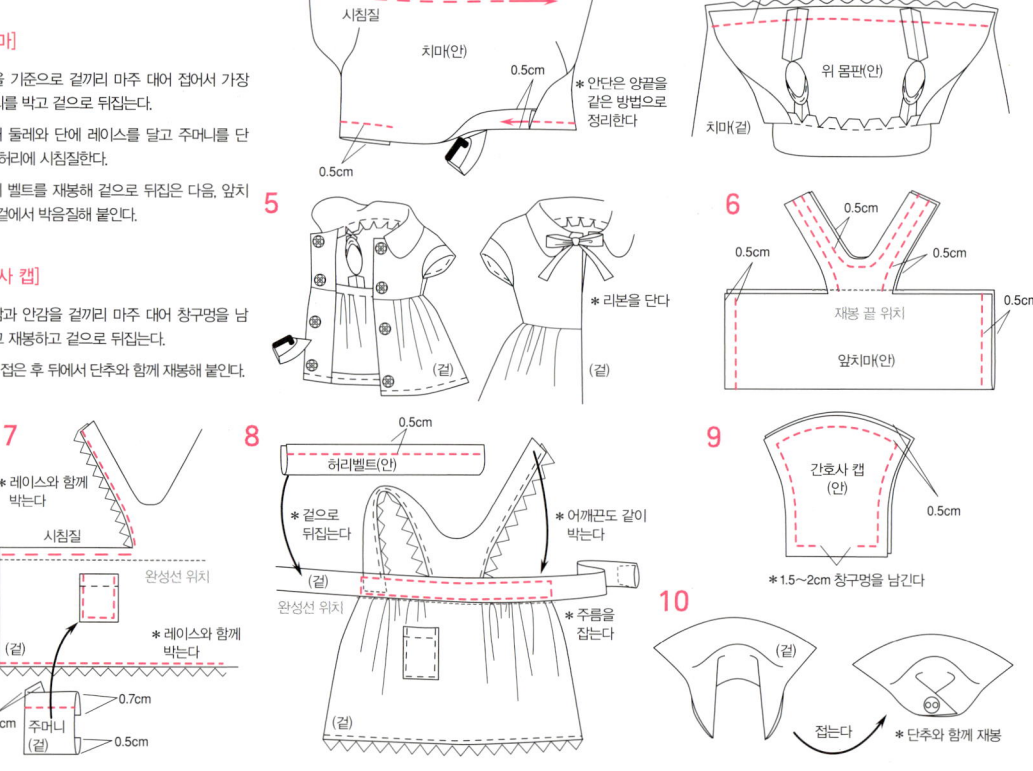

Sailor Style 세일러 스타일

for 22cm doll

패턴 P.74　스쿠터® P.33

재료(세로 X 가로)

겉감(흰색): 25 X 28cm
겉감(감색): 25 X 30cm
얇은 코튼: 15 X 15cm
　(바지 안단)
안감(오건디): 13 X 20cm
　(깃, 베레모 사이드)
라인용 리본: 0.2〜0.3cm 폭 X 50cm
장식용 리본: 0.3cm 폭 X 30cm
스냅 단추: 4쌍

만드는 법

[원피스]

1. 깃, 커프스, 앞 가리개를 각각 만든다.
2. 소매 입구에 커프스를 달고 몸판 소매 둘레에 소매를 단다. (How to P. 12참조)
3. 몸판 목둘레에 깃을 단다. 안단 부분은 겉끼리 마주 대어 접고, 목둘레와 단의 겹치는 부분을 각각 박고 겉로 뒤집는다.
4. 앞 가리개를 재봉해 붙인다.
5. 슬릿 부분을 남기고 옆선을 박는다. 밑단을 재봉한다.
6. 앞 트임에 스냅 단추를 달고 깃 끝에 리본을 만들어 단다.

[바지]

7. 앞중심을 재봉해 합치고 각각 밑단을 정리한다. 다트를 박는다.
8. 허리 부분과 안단을 겉끼리 마주 대어 재봉하고 겉로 뒤집는다.
9. 뒤중심을 재봉한다.
10. 밑아래를 재봉하고 겉로 뒤집는다. 트임에 스냅 단추를 단다.

[베레모]

P. 22 베레모 만드는 법 참조

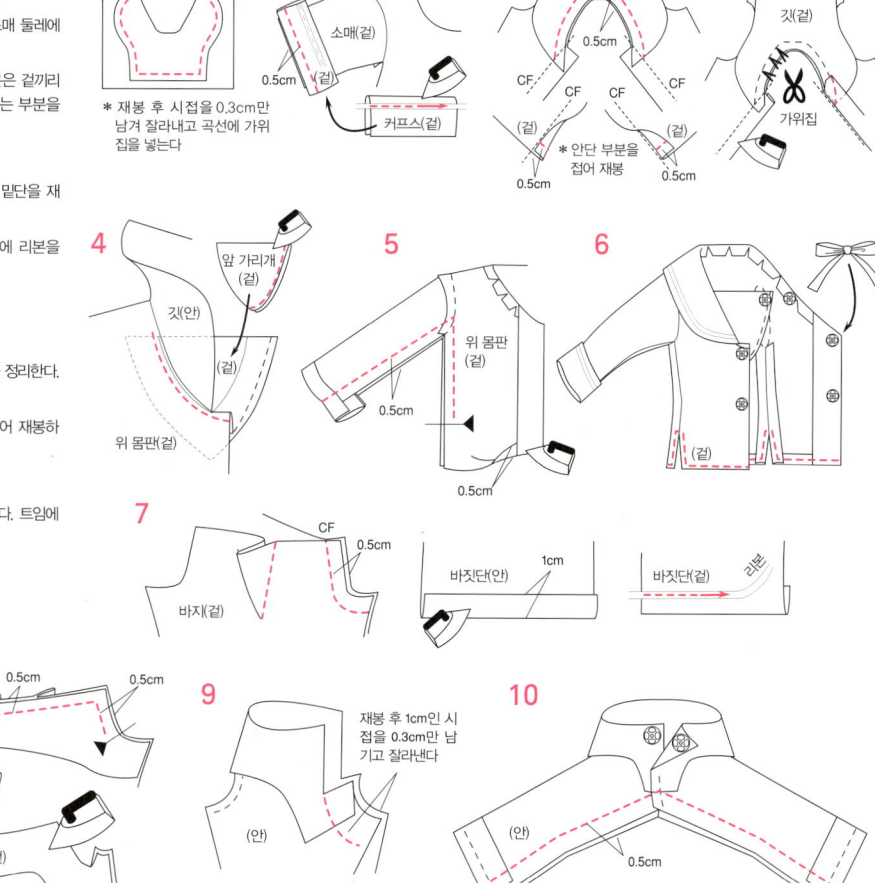

Snow Drop
for 22cm doll

22cm 인형을 위한 스노우 드롭

모델: 스키퍼
(Straight legs/ 빈티지)

Snow Drop 스노우 드롭

스키퍼® P.36

재료(세로 X 가로)

- 겉감: 30 X 40cm
- 얇은 코튼: 40 X 40cm
  (안단, 후드, 케이프)
- 티롤리안 테이프: 25cm
- 단추: 0.4cm 폭 X 5개
- 폼폼: 작은 것 X 2개
- 리본: 0.2~0.3cm 폭 X 30cm
- 스냅 단추: 3쌍

만드는 법

[원피스]

1. 위 몸판의 안단 부분은 겉끼리 마주 대고 접는다. 그 상태에서 몸판과 안단을 겉끼리 마주 대고 목둘레를 재봉하고 겉으로 뒤집는다.
2. 소매 입구를 재봉한다. 몸판 소매 둘레와 소매를 재봉해 붙인다.
3. 어깨부터 소매까지 재봉한다.
4. 몸판 안단의 단을 겉끼리 마주 대어 접고 밑단을 재봉한다. 앞에 주름을 잡고 티롤리안 테이프로 리본을 만들어 단다. 뒤중심에 장식 단추를 달고 트임 부분에 스냅 단추를 단다.

[케이프]

5. 후드 겉감과 안감은 각각 좌우를 겉끼리 마주 대고 중심을 재봉한다. 후드 겉감과 안감을 겉끼리 겹쳐서 박음질하여 겉으로 뒤집는다.
6. 케이프 겉감과 안감은 각각 다트를 재봉한다. 케이프 겉감의 목둘레에 후드를 임시로 단다. 그 위로 케이프 안감을 겉끼리 마주 보도록 놓고 박음질한다.
7. 창구멍을 통해 겉으로 뒤집고 다림질하여 정돈한다. 창구멍을 재봉한다. 두꺼운 바늘(자수 바늘 등)을 이용하여 목 부분에 리본을 달고 리본 끝에 폼폼을 단다.

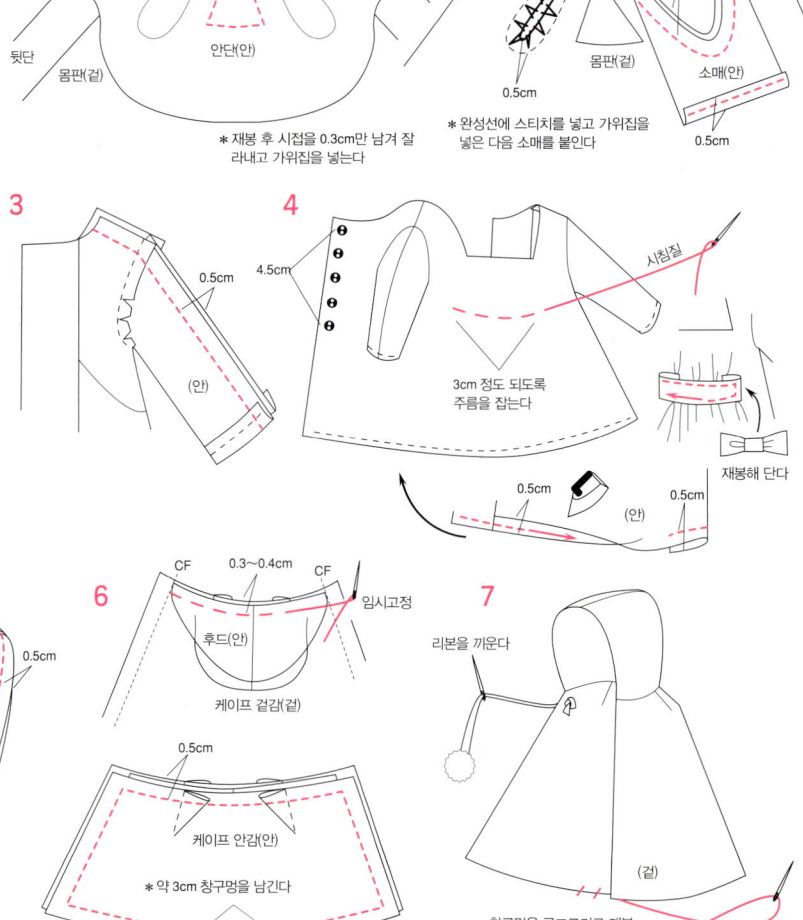

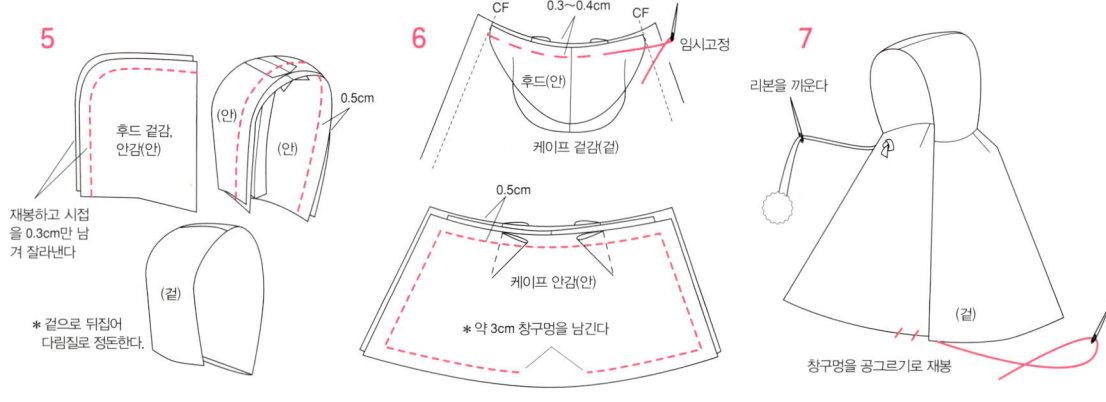

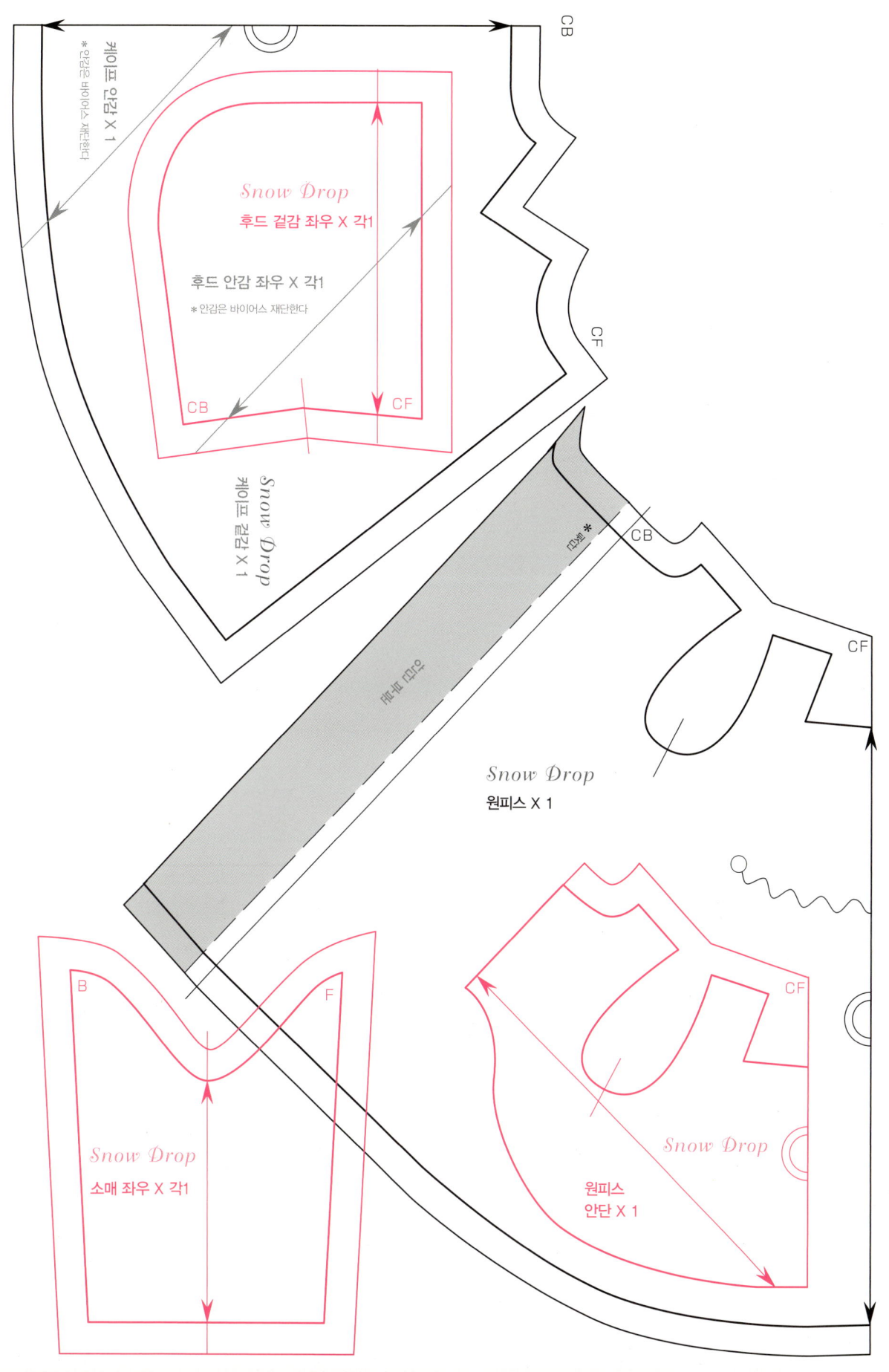

모델: 바비#5 (빈티지)

Tiered Skirt
for 29cm doll

29cm 인형을 위한 티어드 스커트

Tiered Skirt 티어드 스커트

바비® P.40

재료(세로 X 가로)

겉감: 50 X 60cm
안감(오건디): 20 X 20cm
데콜테 안감(얇은 코튼): 9 X 9cm
레이스(넓은 것): 2.5~3cm 폭 X 적당량
레이스(좁은 것): 1cm 폭 X 60cm
스냅 단추: 3쌍
보닛 겉감: 12 X 24cm
보닛용 리본:
  0.7cm 폭 X 40~50cm
장식용 리본:
  0.4cm 폭 X 40~50cm

만드는 법

[원피스]

1. 위 몸판과 바이어스 재단한 안감(오건디)은 겉끼리 마주 대고 재봉한다. 시접을 정리하고 겉으로 뒤집은 다음 다림질하여 정돈한다.
2. 가슴 부분의 데콜테를 그림과 같이 잘라 레이스를 겹쳐서 시침질한다. 몸판의 데콜테 부분에 맞춰 재봉한다.
3. 가슴 중앙을 시침질하여 주름을 잡는다.
4. 치마 상중하 부분은 각각 윗단에 시침질한다.
5. 치마 밑단을 접어 레이스를 재봉해 붙인다.
6. 치마에 주름을 잡아 각각 연결한다.
7. 위 몸판과 치마는 겉끼리 마주 대고 허리에 주름을 잡아 재봉해 붙인다.
8. 치마 뒤중심을 재봉하고 겉으로 뒤집는다.
9. 트임을 정리한다. 홀터넥 끝을 접는다. 트임과 홀터넥에 스냅 단추를 단다. 앞에 리본을 단다.

[보닛]

P. 26 보닛 만드는 법 참조

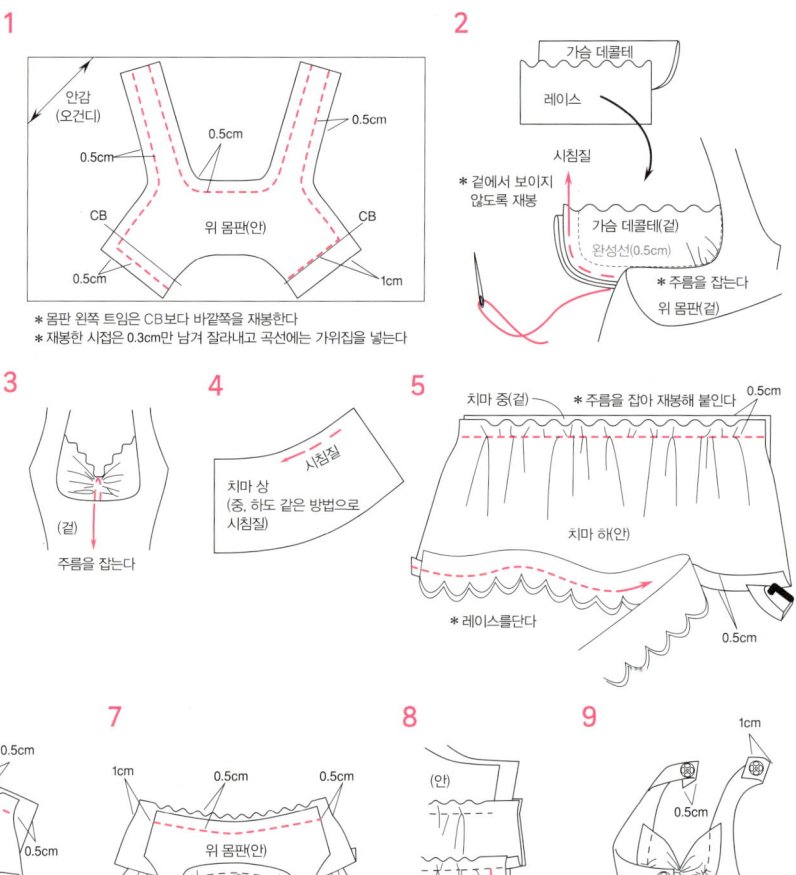

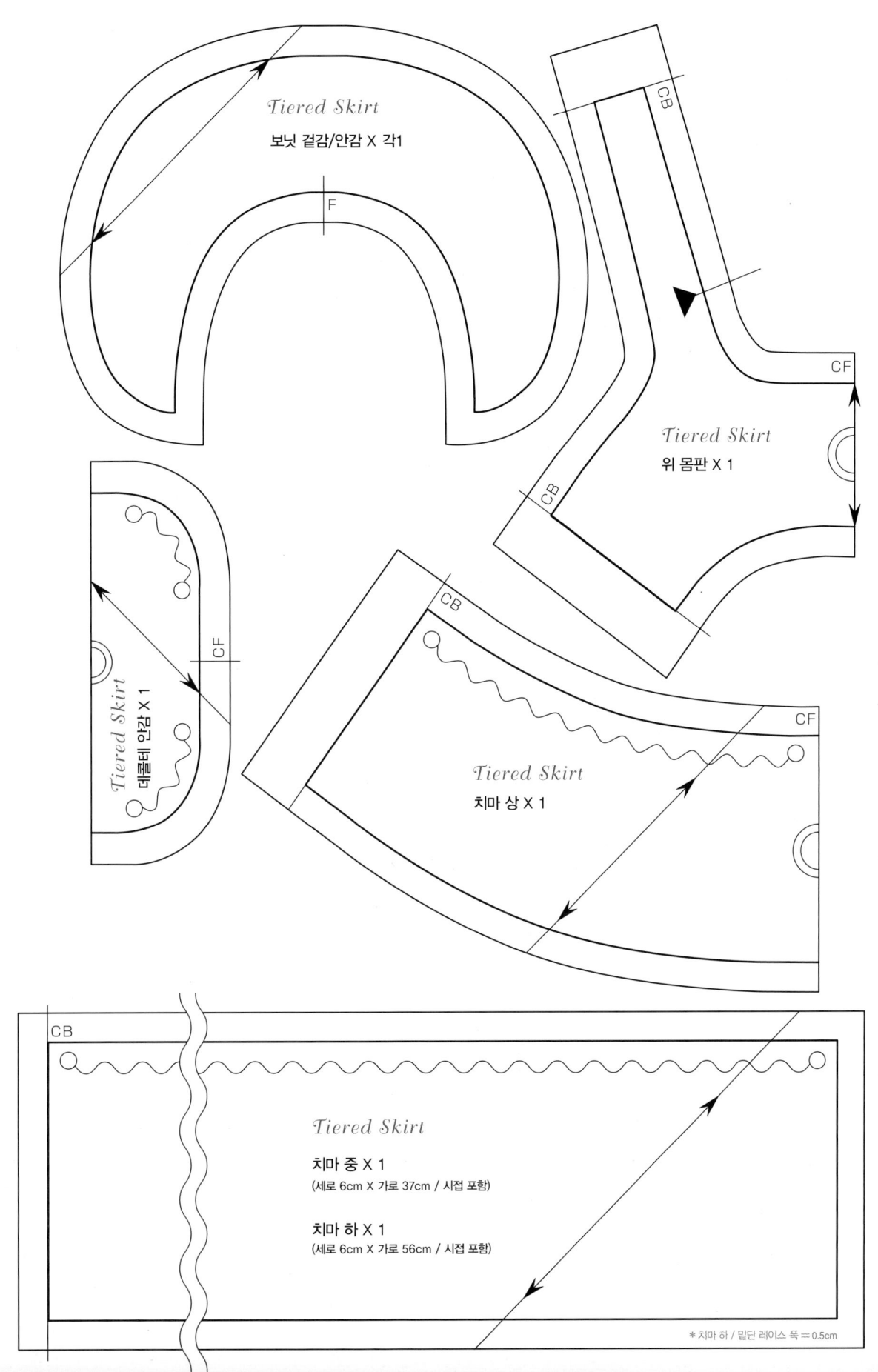

Bettena Style
for 29cm doll

29cm 인형을 위한 베테나 스타일

모델: 긴자 럭셔리 키요리 기프트 세트 〈Dollybird〉 한정판

Bettena Style 베테나 스타일

키요리 P.44

for 29cm doll

재료(세로 X 가로)

겉감: 15 X 90cm(원피스 드레스)
겉감: 27 X 100cm(블라우스, 모자)
안감(오건디): 20 X 20cm
걸고리 후크: 1개
스냅 단추: 2쌍
펄 비즈: 0.3cm 폭 X 4개
리본: 적당량

만드는 법

[원피스]

1. 위 몸판과 바이어스 재단한 안감(오건디)을 겉끼리 마주 대고 뒤 중심부터 베어톱 라인까지 재봉한다. 시접을 정리하고 겉으로 뒤집어서 다림질로 정돈한다.
2. 다트를 재봉한다.
3. 치마단을 정리하고 허리 부분에 시침질한다.
4. 위 몸판 허리에 맞춰 치마에 주름을 잡은 후 재봉해 붙인다.
5. 치마 뒤중심을 재봉하고 트임을 정리한다.
6. 트임에 스냅단추를 단다.

[블라우스]

7. 몸판 좌우를 겉끼리 마주대고 뒤중심 시접을 0.5cm 두고 재봉한다. 소매를 만들어 몸판 소매둘레에 단다. (P. 66 5번, 6번 참조)
8. 깃을 만들어 몸판에 단다.
9. 다트를 재봉한다. 왼쪽 몸판 리본을 잘라 가장자리를 재봉한다. 왼쪽 옆선에 끼워 함께 재봉한다.
10. 몸판 가장자리를 접어 재봉한다. 왼쪽 몸판에 후크를 달고 오른쪽 몸판 뒤쪽에 실고리를 만들어 단다.

[모자]

11. 겉끼리 마주대고 접어 양끝을 재봉한다.
12. 위아래를 0.5cm씩 접고, 다시 반으로 접어 가장자리를 박는다. 그 위에 리본을 끼워 묶어준다.

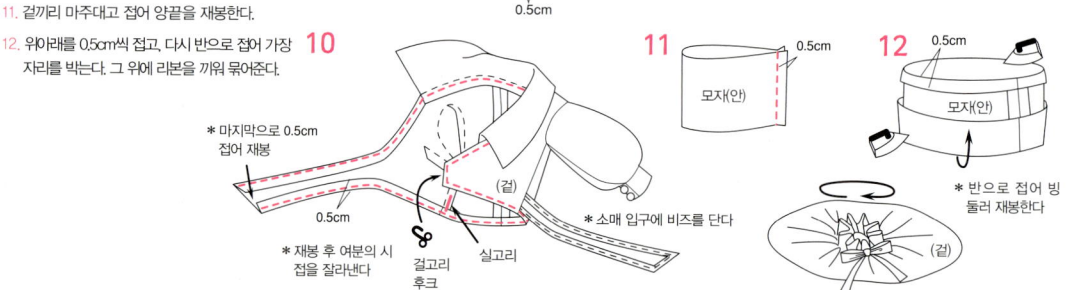

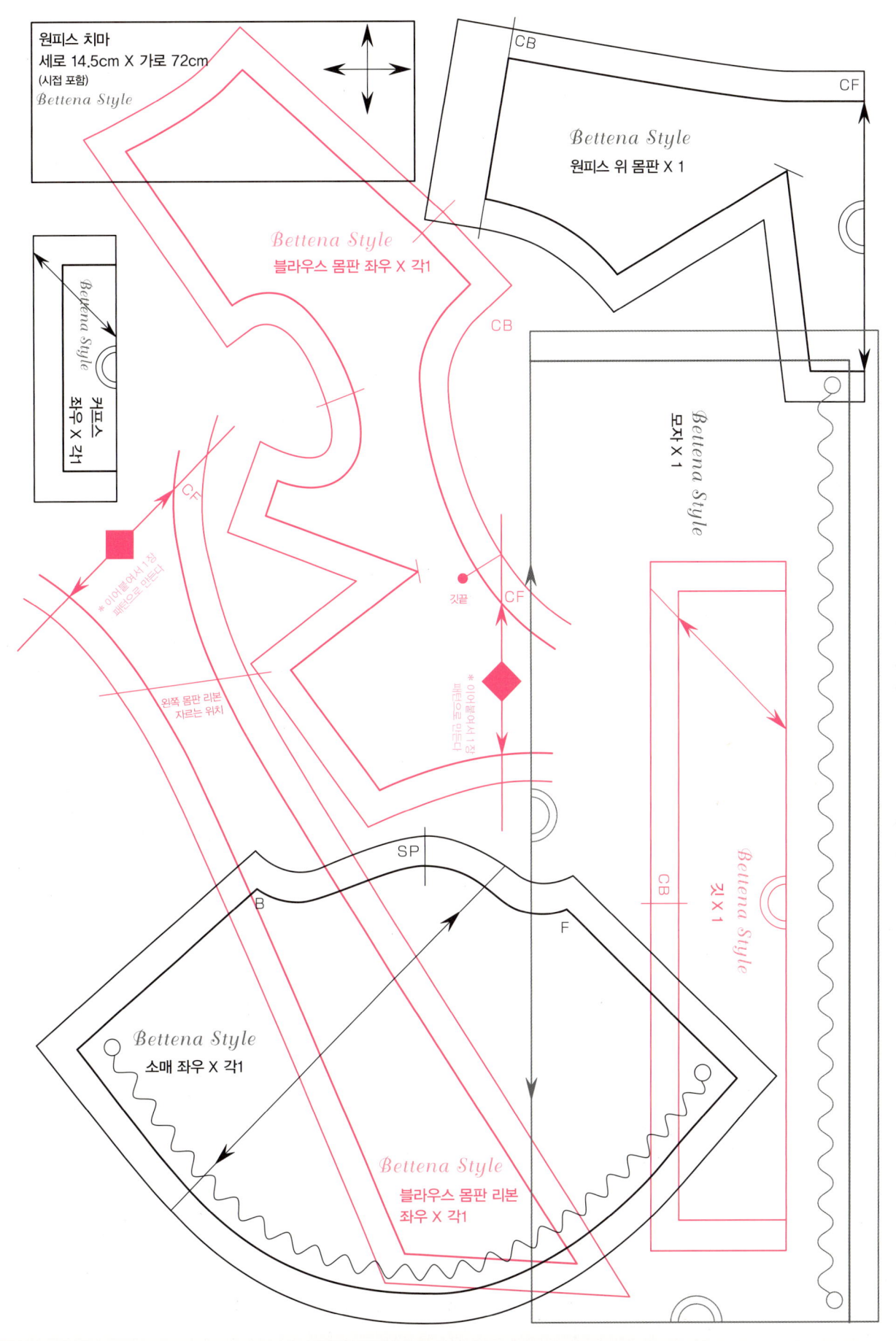

모델: 바비(Twist'N Turn / 빈티지)

Starry Star

for 29cm doll

29cm 인형을 위한 스태어리 스타

Starry Star 스태어리 스타

for 29cm doll

재료(세로 X 가로)

- 겉감: 35 X 30cm
- 안감(오건디): 20 X 25cm
- 그물 원단(중간 몸판): 8 X 18cm
- 스냅 단추: 3쌍
- 걸고리 후크: 2쌍
- 버클: 안쪽 폭 1cm X 1개

만드는 법

[드레스]

1. 드레스 위 몸판과 쇼트팬츠 겉감은 각각 바이어스 재단한 안감(오건디)과 겉끼리 마주대고 재봉한다. 시접을 정리하고 겉으로 뒤집어 다림질로 정돈한다.
2. 드레스 좌우 아래 몸판을 재봉해 붙인다. 밑단에서 슬릿까지를 재봉한다.
3. 드레스 몸판 위·가운데·아래를 재봉해 연결한다.
4. 벨트를 만든다.
5. 뒤중심을 재봉하고 트임을 정리하여 어깨끈을 재봉한다. 벨트를 달고 트임 부분에 스냅단추를 단다.

[쇼트팬츠]

6. 1에서 만든 좌우 쇼트팬츠를 각각 겉으로 뒤집는다.
7. 좌우 팬츠를 서로 겉끼리 마주대고 밑위를 재봉한다.
8. 겉으로 뒤집고 트임에 후크를 단다.

[부츠]

9. 부츠 입구를 정리하고 겉끼리 마주대고 접어 뒤중심부터 바닥을 재봉한다. 시접을 정리하고 겉으로 뒤집는다.

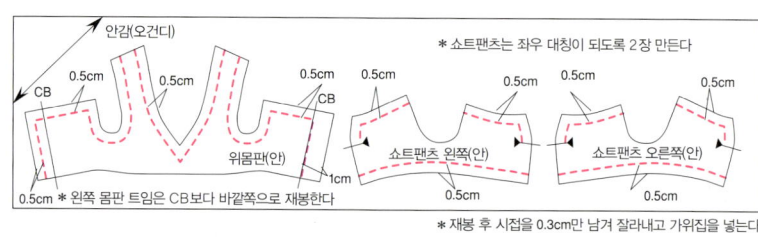

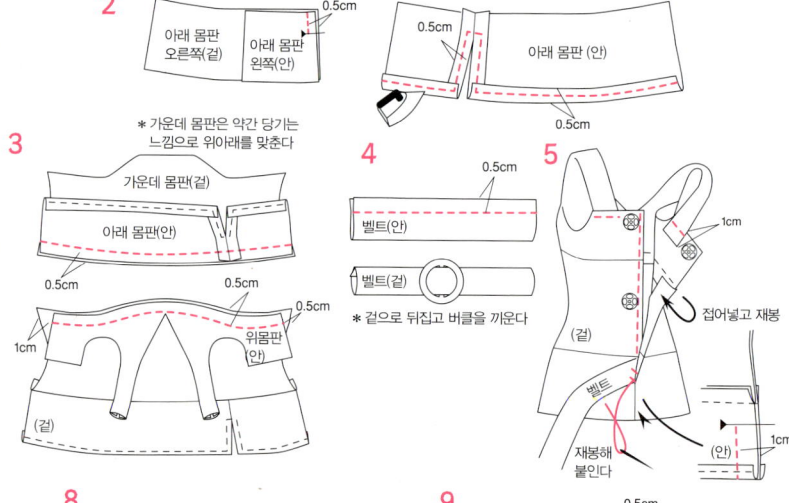

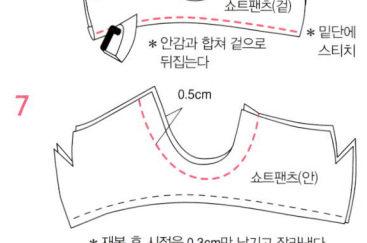

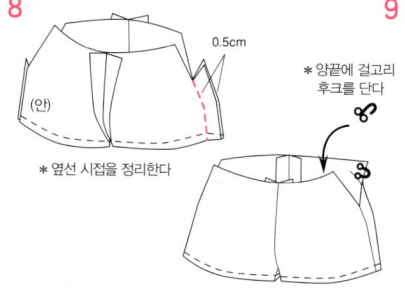

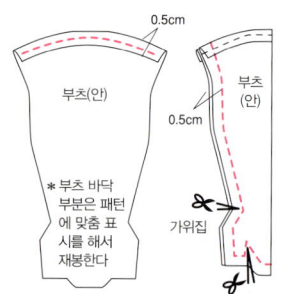

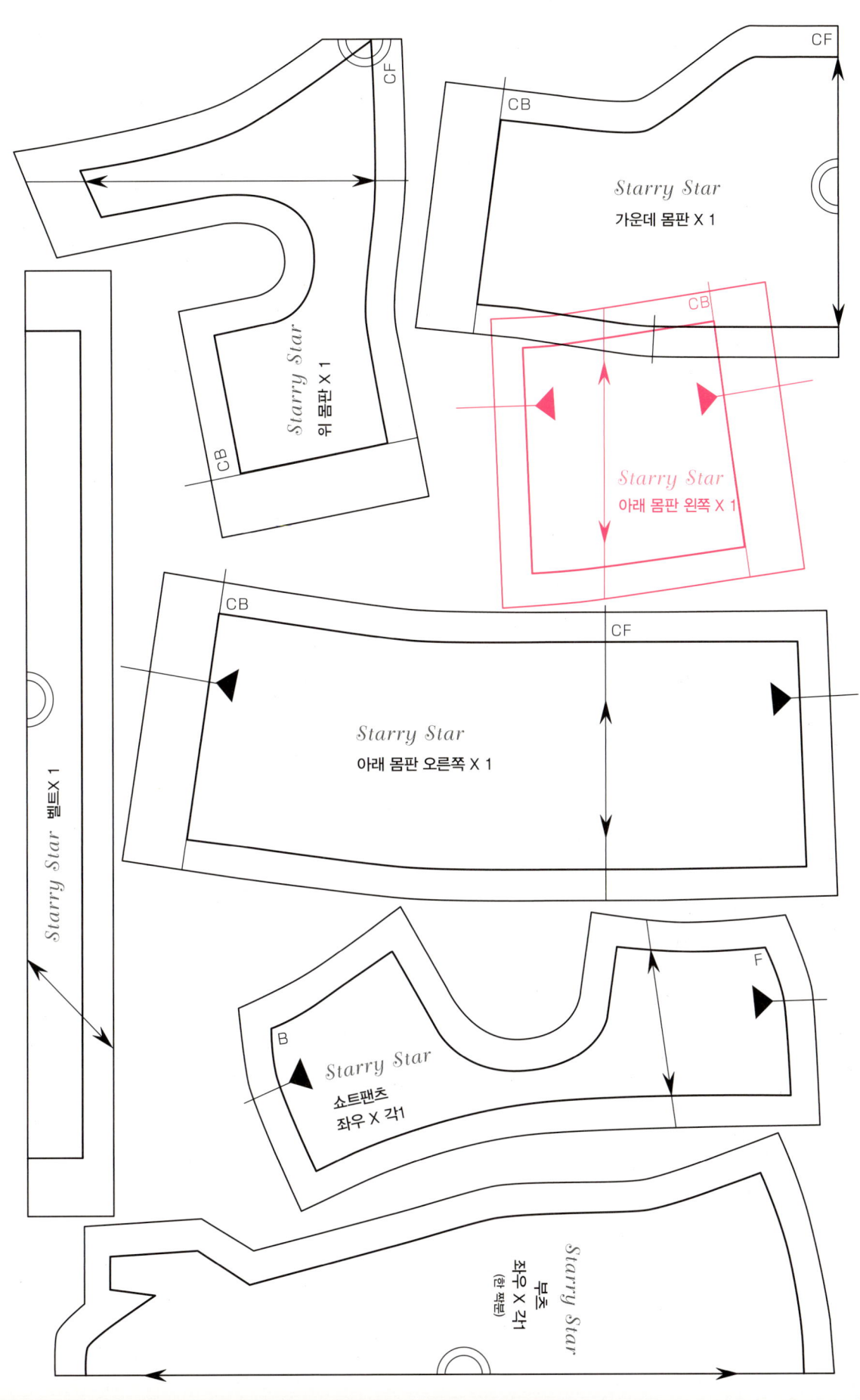

Starry Star

스태어리 스타

French*Mod
for 29cm doll
29cm 인형을 위한 프렌치 모드

모델: 스테이시(빈티지)

French*Mod 프렌치 모드

for 29cm doll

스테이시 P.53

재료 (세로 X 가로)

- 겉감: 30 X 40cm
- 오건디(안감): 25 X 25cm
- 모자 겉감(코튼 등): 20 X 20cm
- 모자 안감(코튼 등): 20 X 20cm
- 프릴: 1.2~1.5cm 폭 X 80cm
- 꽃 모티브: 3개
  (프릴로 만들지 않을 경우)
- 단추: 0.4cm 폭 X 9개
- 버클: 안쪽 폭 1.2cm X 1개
- 스냅단추: 3쌍

만드는 법

[원피스]

1. 앞뒤 몸판 어깨를 재봉해 연결한다. 바이어스 재단한 안감(오건디)과 겉감이 마주대고 뒤중심부터 목둘레까지를 재봉한다. 시접을 정리하여 겉으로 뒤집고 다림질로 정돈한다.
2. 소매 입구에 프릴을 달고, 몸판 소매둘레에 소매를 단다.
3. 다트와 소매 아래, 옆선을 각각 재봉한다.
4. 치마단을 정리한다.
5. 위 몸판과 치마를 겉끼리 마주대고 허리를 재봉한다.
6. 치마 뒤중심을 재봉한다.
7. 벨트를 만들어 로우웨스트 위치에 재봉해 단다. 앞중심에 프릴과 단추를 달고 트임에 스냅단추를 단다.

[모자]

8. 겉감과 안감 4장씩을 각각 재봉해 연결한다. 겉감과 안감은 겉끼리 마주대어 재봉하고 겉으로 뒤집는다.
9. 챙 가장자리에 스티치를 넣고 프릴로 만든 꽃(또는 조화)으로 장식한다.

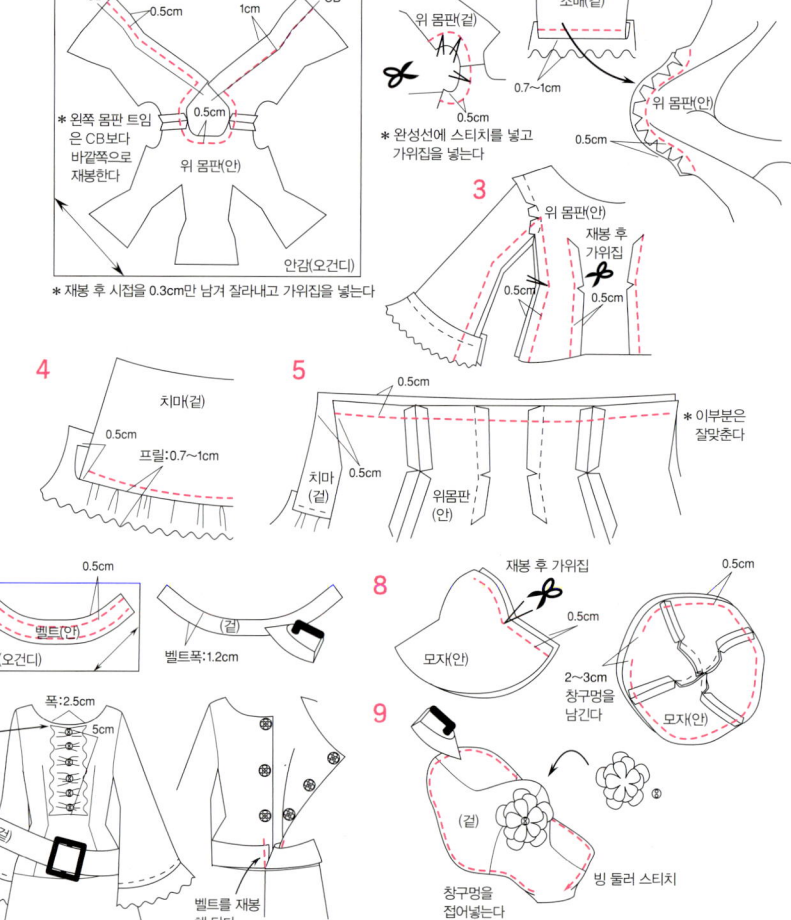

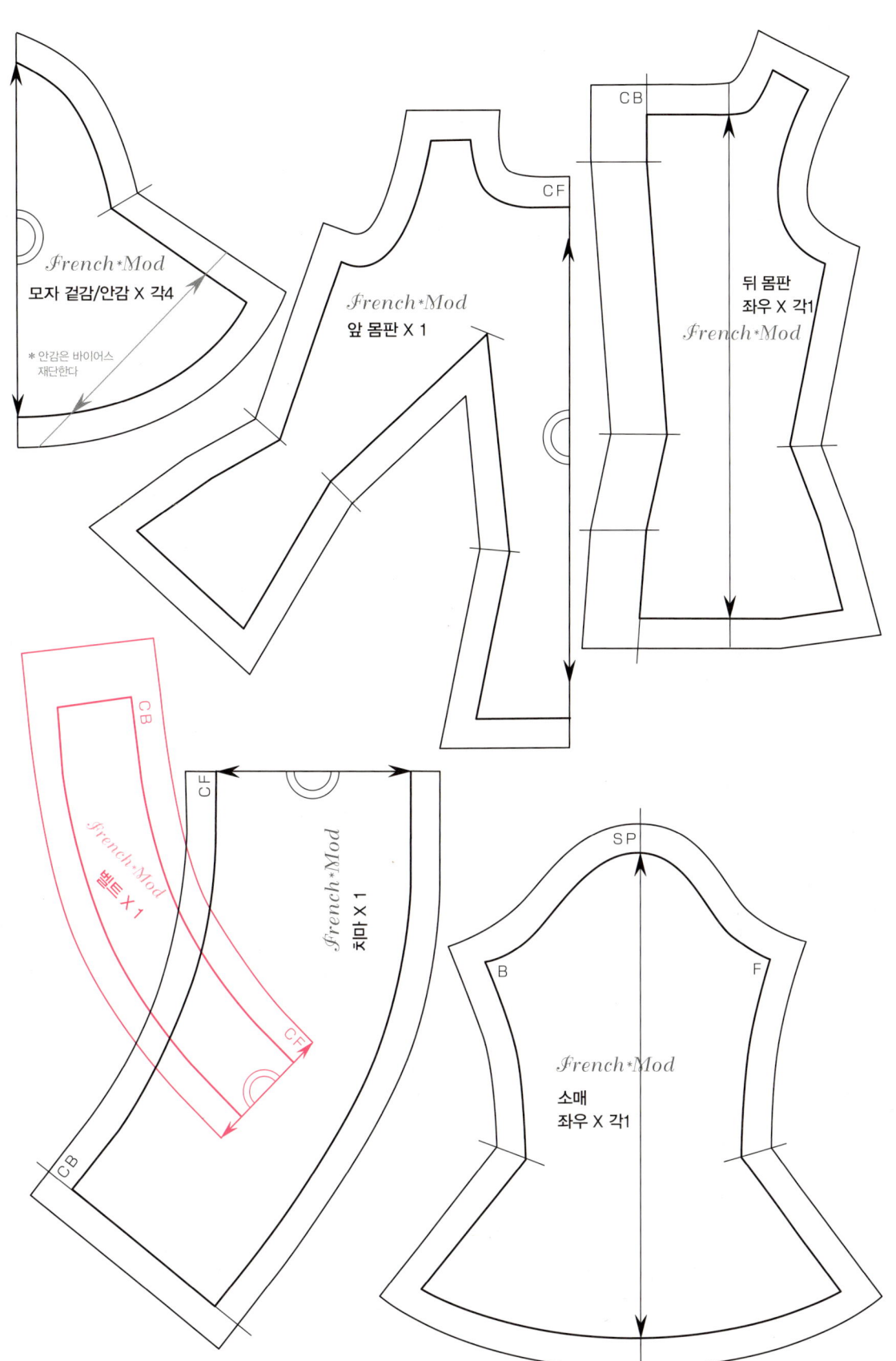

Autumn Autumn
for 27cm doll
27cm 인형을 위한 어텀 어텀

모델: 프랜시(Twist'N Turn / 빈티지)

for 27cm doll

Autumn Autumn 어텀 어텀

프랜시® P.56

재료(세로 X 가로)
겉감: 40 X 45cm
안감(오건디): 20 X 23cm
단추: 0.6cm 폭 X 8개
스냅단추: 5쌍

만드는 법

[원피스]

1. 앞뒤 몸판 겉감과 바이어스 재단한 안감(오건디)은 각각 겉끼리 마주대고 소매둘레, 목둘레, 뒤중심(CB)을 재봉한다. 시접을 정리하여 겉으로 뒤집고 다림질로 정돈한다.
2. 앞 몸판 다트를 재봉하고, 앞뒤 몸판 옆선을 재봉한다.
3. 치마단을 정리한다. 플리츠를 잘 접어서 시침질한다. (How to P. 10 참조)
4. 위 몸판과 치마를 겉끼리 마주대고 허리를 재봉해 붙인다.
5. 어깨, 치마 뒤중심을 각각 재봉하고 트임에 스냅단추를 단다.

[코트]

6. 앞뒤 몸판 옆선을 재봉해 붙인다.
7. 소매는 입구를 정리하고 몸판 소매둘레에 재봉해 단다. 다트를 재봉한다.
8. 안단의 단을 재봉하고 겉으로 뒤집는다. 밑단을 정리하고 뒤중심(CB) 플리츠를 재봉한다. 이어서 어깨선을 재봉한다.
9. 깃을 만들고 겉으로 뒤집는다. 목둘레에 깃을 시침질하여 임시로 달고, 깃을 안단으로 감싸서 박음질한다.
10. 겉으로 뒤집고 앞에 단추를 단다. 트임에 스냅단추를 단다.

[베레모]

11. 베레모 사이드 겉감과 안감(오건디)을 겉끼리 마주대고 재봉한 다음 겉으로 뒤집는다.
12. 베레모 탑과 사이드를 겉끼리 마주대고 재봉한 다음 겉으로 뒤집는다. 다림질하여 정돈한다.

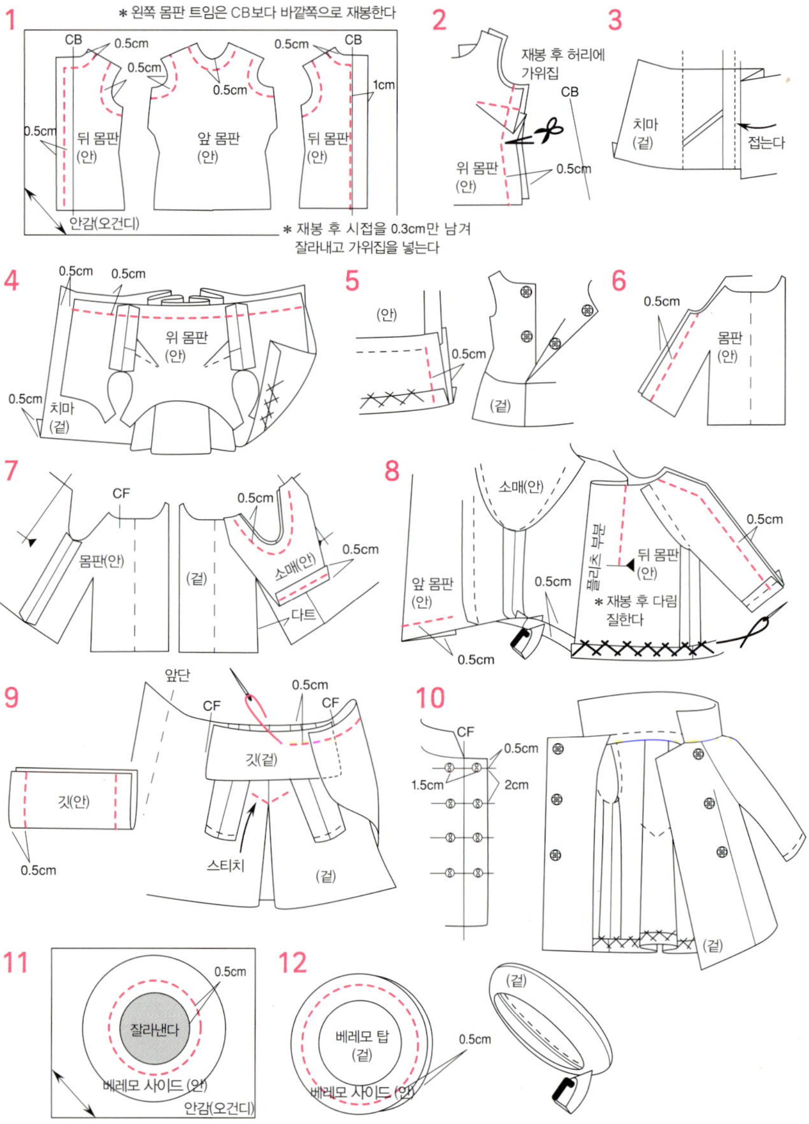

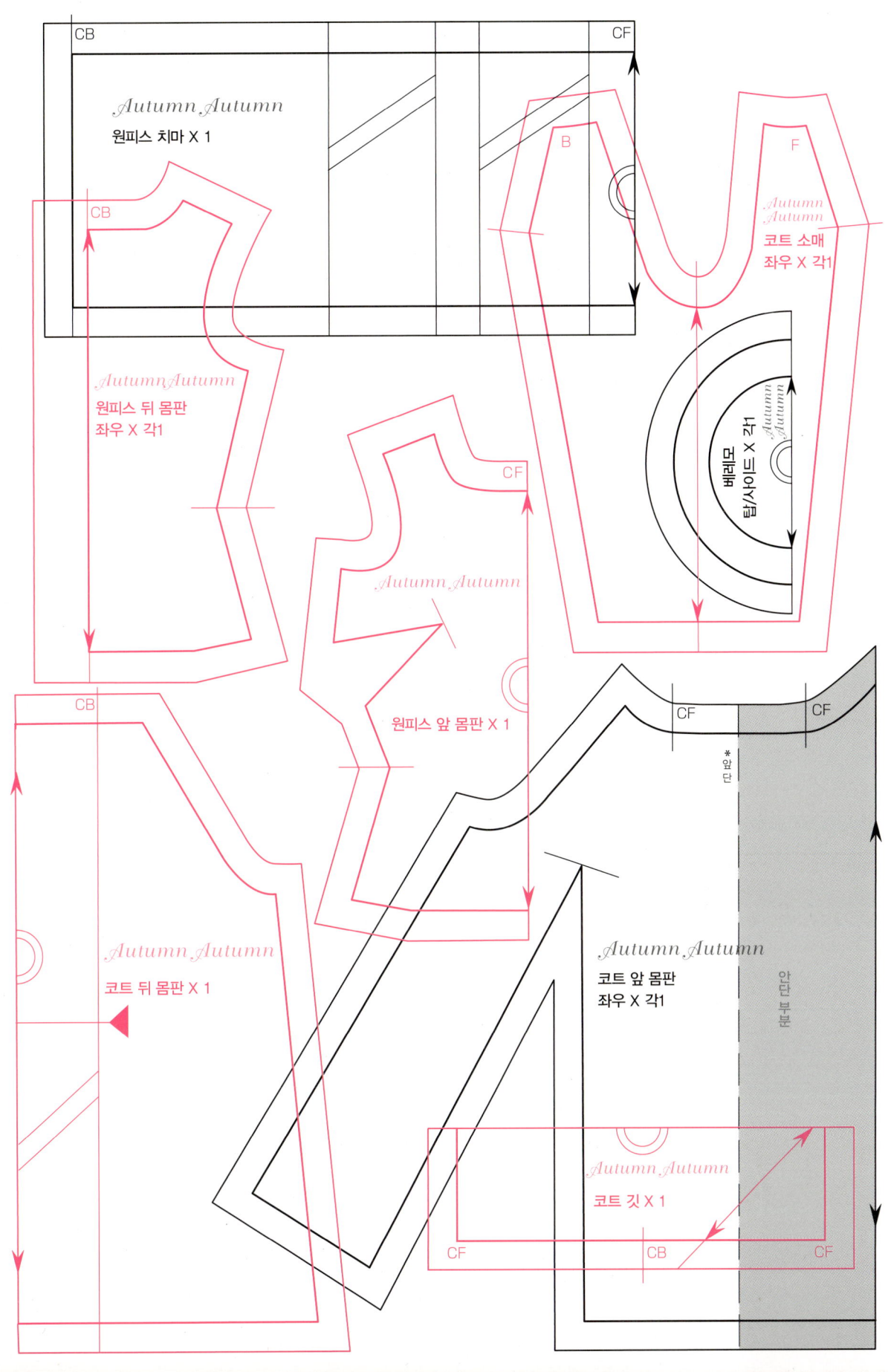

Pinky Dots
for 27cm doll

27cm 인형을 위한 핑키 도트

모델: 모모코 돌 "Lazy Seventeen"

Pinky Dots 핑키 도트

모모코 돌
P.60

재료 (세로 X 가로)

겉감: 30 X 45cm
모자 안감(얇은 코튼): 10 X 15cm
깃, 커프스: 20 X 20cm
리본: 0.7cm 폭 X 50cm
스냅단추: 3쌍
접착심지: 적당량

만드는 법

[원피스]

1. 깃을 만들어 목둘레에 재봉해 단다.
2. 몸판 겨드랑이 부분에 접착 심지를 붙이고 맞춤 표시를 한다.
3. 그림처럼 커프스를 접어 퍼프소매에 재봉해 단다.
4. 다트와 소매 아래, 옆선을 재봉한다.
5. 치마를 만든다. 치마 주름 부분은 각각 시침질하고 단을 정리한다. 기본치마와 주름치마 아래를 겉끼리 마주대고 재봉한다. 그 위로 주름치마 위를 시침질하여 임시로 단다.
6. 몸판과 치마 허리 부분을 재봉해 붙인다.
7. 허리 부분에 스티치를 넣는다.
8. 뒤중심을 재봉하고 트임 부분을 정리한다. 트임에 스냅단추를 달고 허리 박음질 선에 리본을 두른다. 앞쪽에 리본을 만들어 단다.

[크로쉐 모자]

9. 겉감과 안감 각각 모자 사이드와 탑을 재봉해 합치고, '사이드 + 탑'의 겉감과 안감을 겉끼리 마주대어 모자 입구를 재봉한다.
10. 시접을 정리하여 겉으로 뒤집고 다림질로 정돈한다. 창구멍을 재봉하고 리본을 단다.

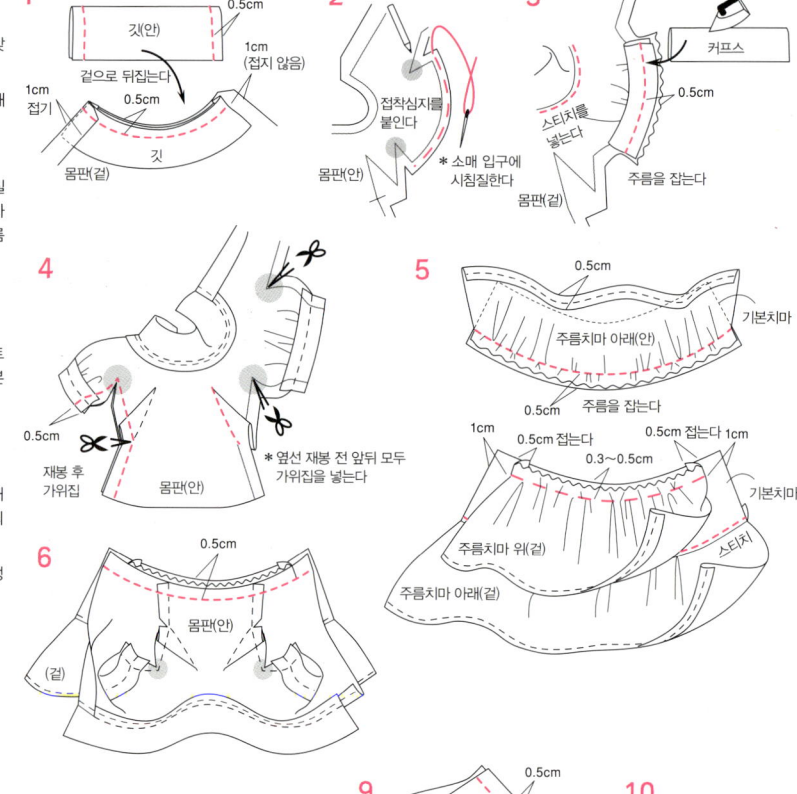

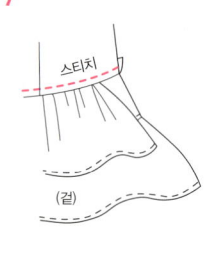

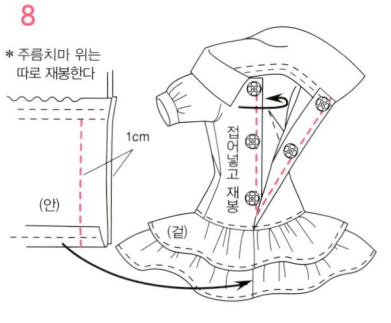

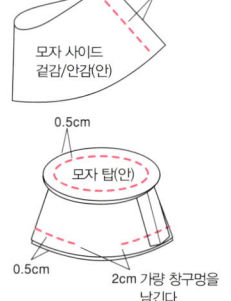

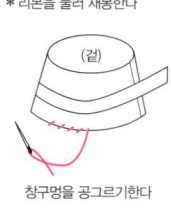

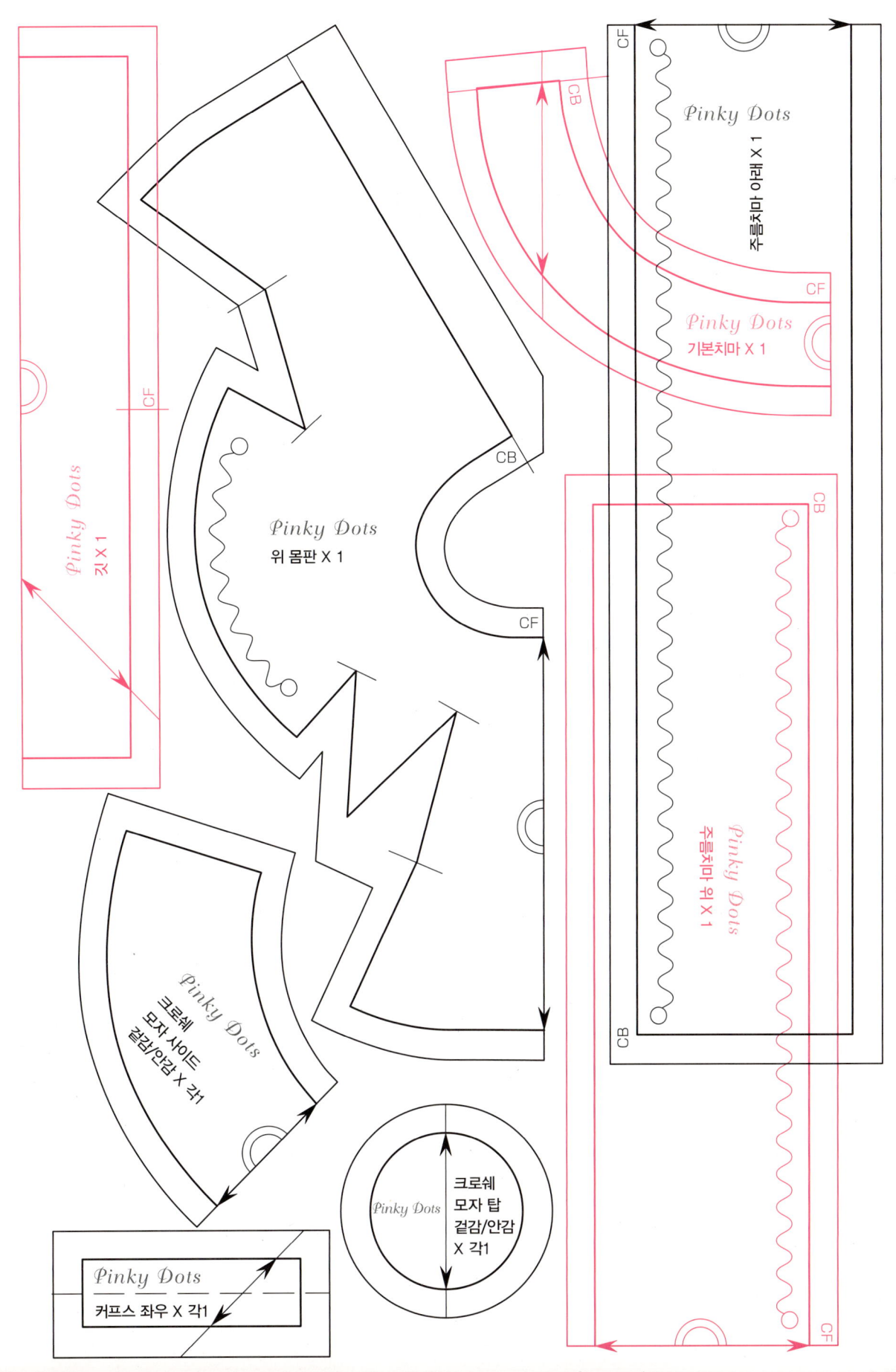

Picnic!
for 27cm doll

27cm 인형을 위한 피크닉!

모델: 유노아 크루스 라이트 플로라이트 피치 ver.
메이크업 커스텀(orange honey)

Picnic! 피크닉!

for 27cm doll

유노아 크루스 라이트 P.64

재료 (세로 X 가로)

겉감: 35 X 35cm
안단용: 9 X 10cm
파이핑테이프: 20 X 20cm
블레이드레이스:
　0.3~0.7cm 폭 X 20cm
리본(좁은 것): 0.3cm 폭 X 35cm
장식단추: 0.6cm 폭 X 2개
스냅단추: 3쌍

만드는 법

[원피스]

1. 파이핑테이프는 양쪽 절개라인에 앞중심 방향으로 시침질하여 임시로 단다. 앞 몸판의 밑단만 0.5cm 접어 박는다. 앞뒤 몸판 어깨는 0.5cm 시접을 주어 재봉한다.
2. 안단 앞중심을 재봉한다. 몸판 목둘레에 안단을 달고 겉으로 뒤집어 다림질한다.
3. 앞 몸판 절개라인을 재봉한다.
4. 플리츠 부분을 시침질한다. 허리 굴곡 부분에 가위집을 넣고, 3번 시접을 재봉 위치까지 정리하고 다림질하여 정돈한다.
5. 커프스는 그림처럼 접는다. 소매입구는 시침질하여 주름을 잡고 커프스를 재봉해 단다.
6. 몸판에 소매를 단다. (How to P. 12 참조)
7. 옆선을 재봉하고 뒤 몸판의 밑단을 정리한다. 뒤중심을 재봉하고 틈임을 정리한다.
8. 벨트를 만든다. 양옆 곡선은 시침질하여 주름을 잡아가며 다림질하면서 완성선에 맞춰 접는다.
9. 벨트를 재봉해 달고 스냅단추를 단다.

[바부슈카]

10. 가장자리를 다림질로 접어 블레이드레이스를 재봉해 단다.
11. 턱 위치에 리본을 단다.

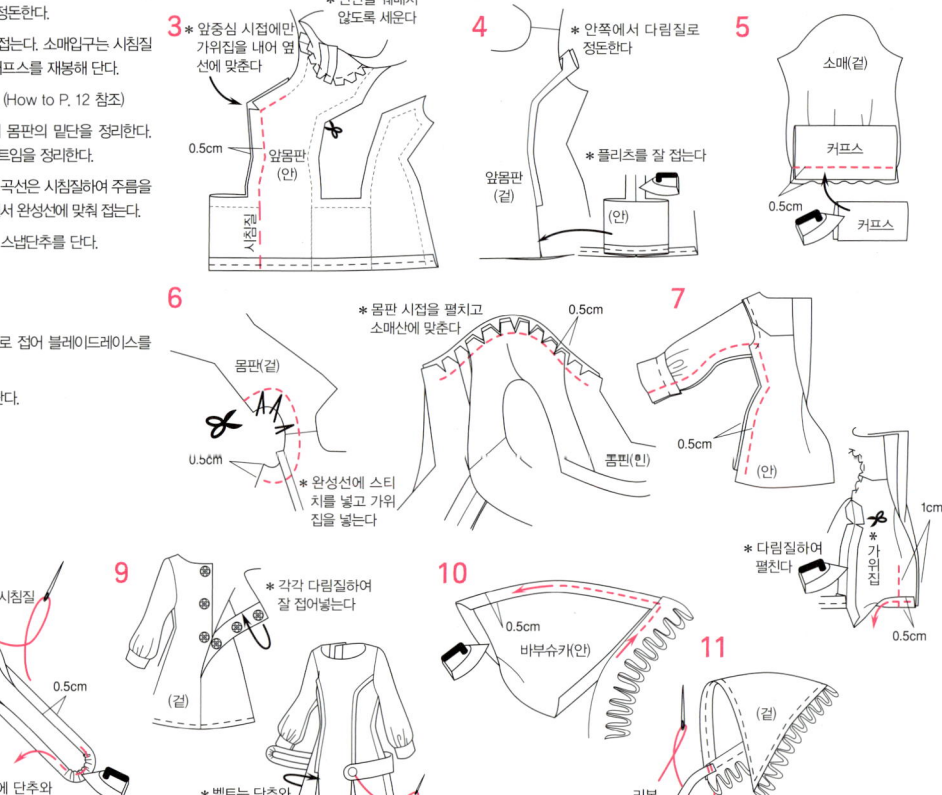

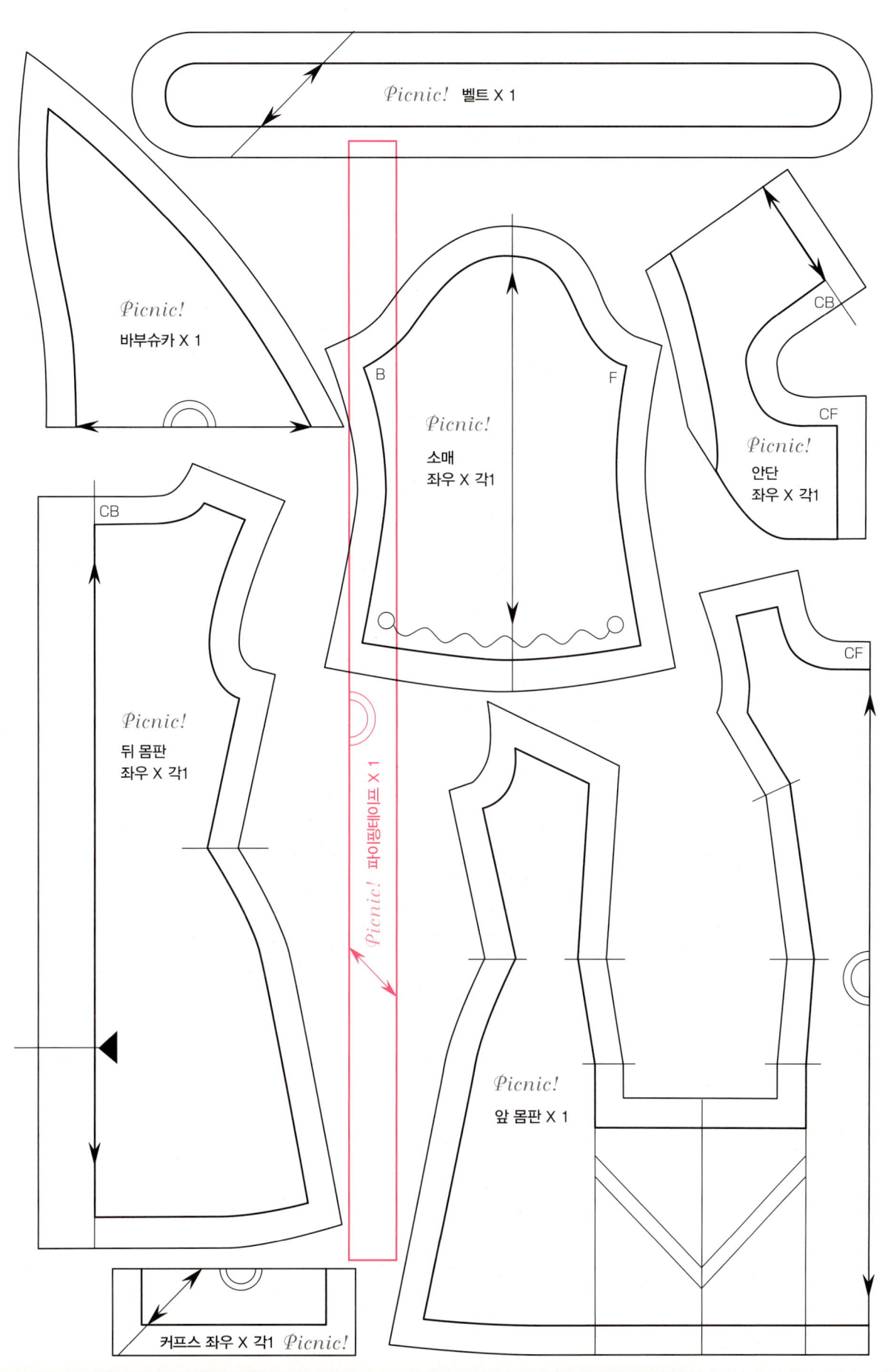

A Blackberry Tart
for 42cm doll
42cm 인형을 위한 블랙베리 타르트

모델: 유노아 크루스 소녀(루시스)
메이크업 커스텀: orange honey

for 42cm doll

A Blackberry Tart 블랙베리 타르트

※ 일반가슴 · 큰가슴용 2가지 패턴이 있습니다. 앞 몸판 요크와 앞 몸판 치마 패턴을 선택하여 제작하세요.

패턴 P79와 부록

유노아 크루스 소녀 P.68

재료(세로 X 가로)
겉감(원피스, 모자): 35 X 90cm
안감(얇은 코튼 등): 25 X 30cm
펄 비즈: 0.3cm 폭 X 34개
리본: 0.6cm 폭 X 60cm
벨루어 리본: 0.5cm 폭 X 15cm
　(뒷단 장식, 모자 리본중심)
벨루어 리본: 0.3cm 폭 X 2.5cm
　(뒷단 장식, 리본중심)
페티코트 위(얇은 코튼 등): 17 X 22cm
페티코트 단(망사천): 25 X 56cm
고무밴드: 적당량　스냅단추: 5쌍
얇은 니트(암커버): 19 X 16cm
조화(초커): 큰 것 X 2, 봉오리 X 3
리본(초커): 0.6cm 폭, 2종 X 각 60cm

만드는 법

[원피스]

1. 요크와 뒤몸판 어깨를 재봉해 붙인다. 뒤 몸판 다트와 안단을 재봉한다. (How to P. 11 참조)
2. 겉으로 뒤집고 소매둘레 완성선에 스티치를 넣는다.
3. 앞 몸판 치마 턱은 위에서 8cm까지 각각 재봉해서 다림질한다.
4. 요크와 앞몸판 치마를 재봉한다.
5. 몸판 소매둘레와 소매 프릴을 재봉해 붙인다. 소매둘레 시접을 정리한다.
6. 옆선을 재봉한다. (How to P. 14 참조) 뒷단의 안단 단을 재봉해 겉으로 뒤집는다. 전체 밑단을 박음질한다. (How to P. 15 참조)
7. 앞과 뒤중심에 펄 비즈를 단다. 뒤중심 밑단에 리본을 달고 트임에 스냅단추를 단다.

[페티코트]

8. 페티코트 위를 접어 다림질하고 고무를 넣을곳을 재봉한다. 페티코트 아래도 같은 방법으로 접어 다림질하고, 위쪽에 주름을 잡아 페티코트 위와 재봉해 합친다.
9. 고무밴드를 끼우고 뒤중심을 재봉한다.

[암커버]

10. 겉감과 안감을 겉끼리 마주대고 위아래를 재봉한다. 겉으로 뒤집고 반 접어 옆선을 재봉한다.

[보닛]

11. P. 26과 같은 방법으로 보닛 본체를 만들고 리본을 만들어 단다.

[초커]

균형을 맞춰 조화를 고정하고 나머지 조화와 와이어 등으로 토대를 만든다. 끈 부분에 리본 2종을 통과시킨다.

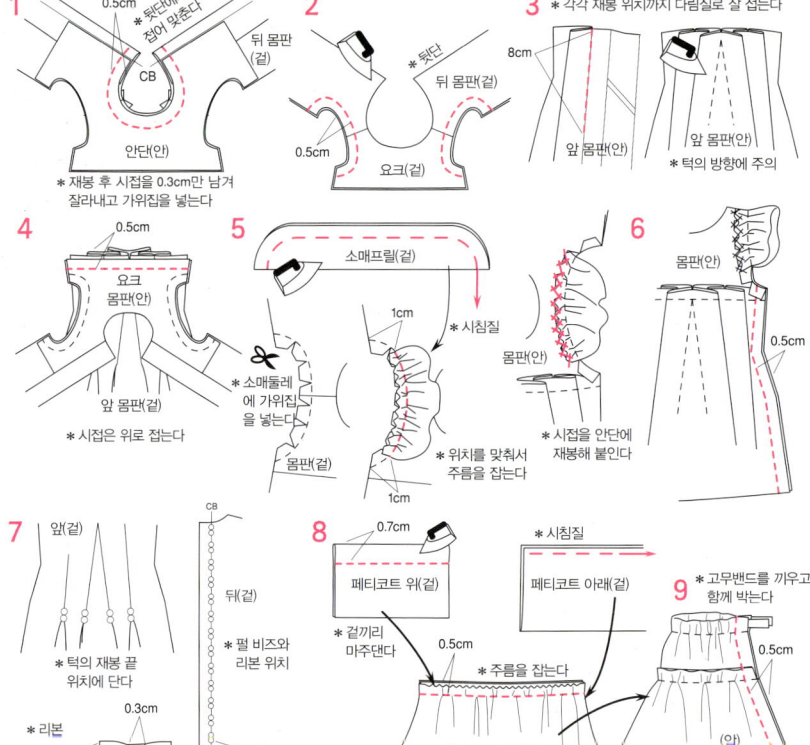

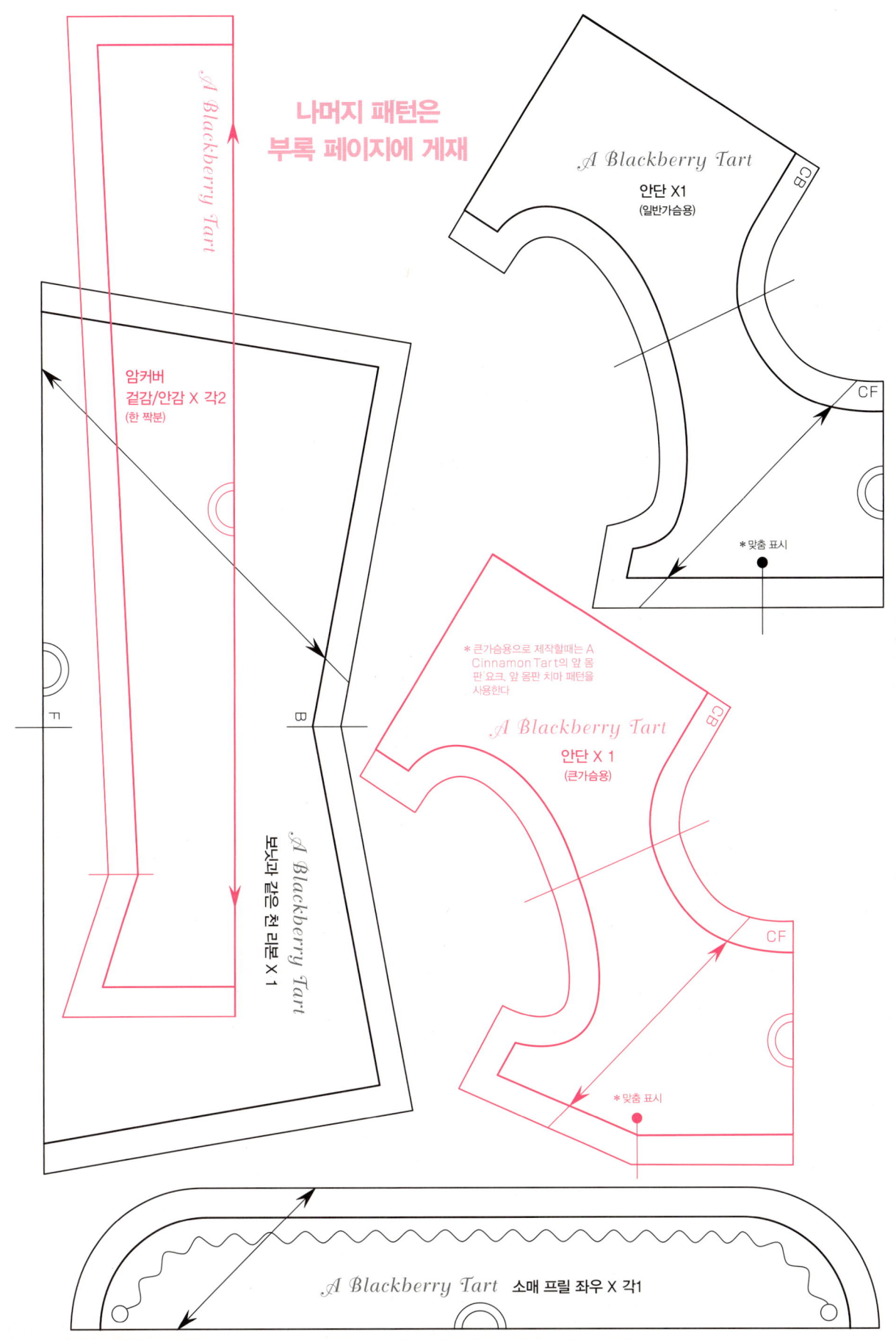

모델: 유노아 크루스 소녀(루시스), 메이크업 커스텀: orange honey

A Blackberry Tart
블랙베리 타르트

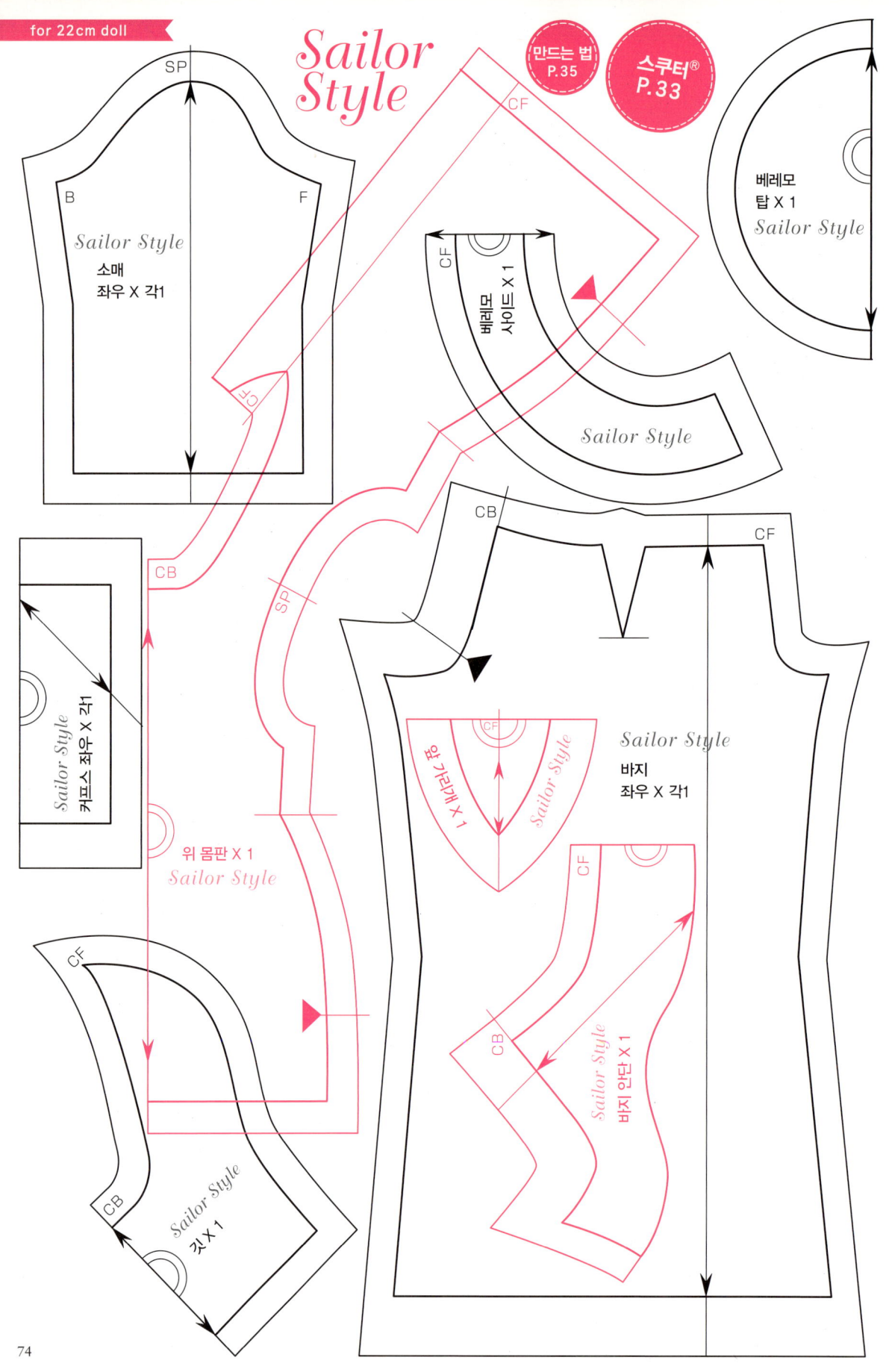

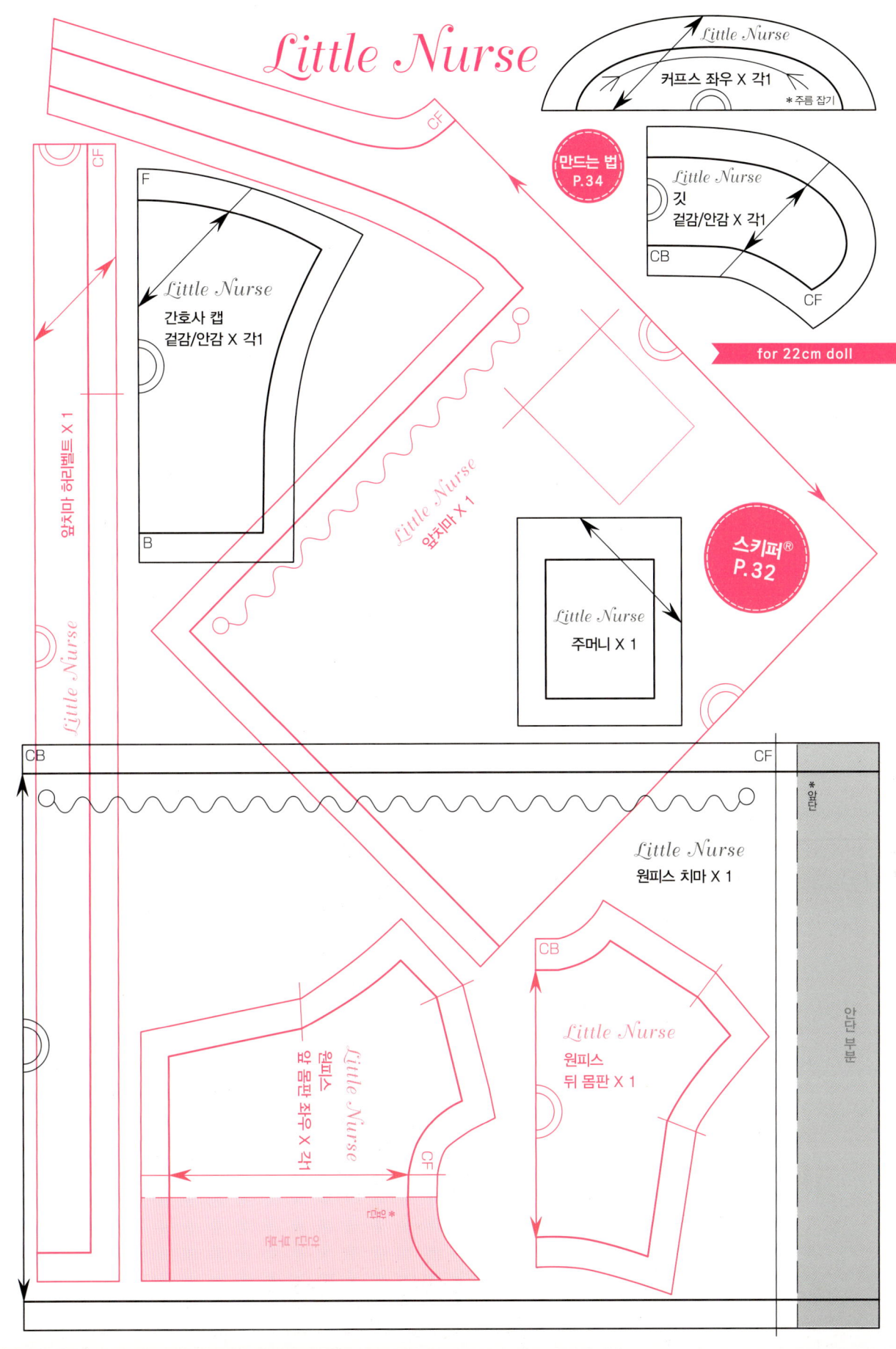

for 29cm doll

바비® P.40

키요리 P.44

TNT 바비® P.48

스테이시® P.53

for 42cm doll

유노아 크루스 소녀 P.68

for 20cm doll

Little Holland 리틀 홀랜드

오데코짱
& 니키
P.2

재료(세로 X 가로)

겉감: 30 X 35cm
안감(오건디): 14 X 14cm
배색천(깃, 치마단, 모자): 35 X 40cm
모자 겉감: 30 X 45cm
단추: 0.4cm 폭 X 6개
스냅단추: 3쌍
리크랙테이프: 30cm

만드는 법

[원피스]

1. 위 몸판 겉감과 바이어스 재단한 안감(오건디)을 겉끼리 마주대고 소매둘레, 뒤중심을 재봉한다. 시접을 정리하고 겉으로 뒤집어 다림질하여 정돈한다.

2. 깃을 그림처럼 접어 위 몸판 목둘레 위치에 재봉해 붙인다. 옆선은 시접을 0.5cm 남기고 재봉한다.

3. 치마단 배색천은 접어 리크랙테이프를 시침질하여 단다. 치마 밑단에 박음질하여 붙이고 겉으로 뒤집는다. 치마 허리 부분을 시침질한다.

4. 위 몸판과 치마를 겉끼리 마주대고 허리를 맞춘다. 치마는 주름을 잡아 맞춰 재봉해 붙인다.

5. 뒤중심에 장식단추를 달고 트임에 스냅단추를 단다. 허리리본을 만들어 묶어서 단다.

[오데코짱, 20cm 사이즈용 모자]

6. 모자 겉감과 안감을 겉끼리 마주대고 뒤중심만 빼고 전부 재봉한다. 시접을 정리하고 겉으로 뒤집는다. 뒤중심을 재봉해 겉으로 뒤집고, 리본을 만들어 단다.

[니키용 모자]

7. 모자 겉감과 안감을 겉끼리 마주대고 모자 입구부터 브림, 귀 창구멍을 재봉해 겉으로 뒤집는다. 귀 창구멍 아래 라인과 뒤중심을 재봉한다. 리본을 만들어 단다. (리본 만드는 법은 P. 70 그림11 참조)

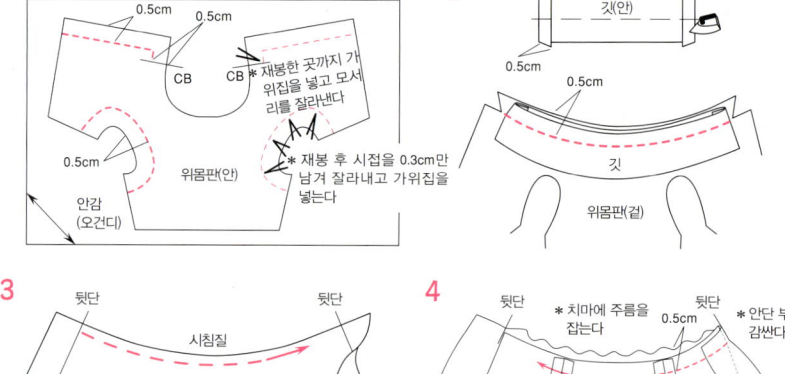

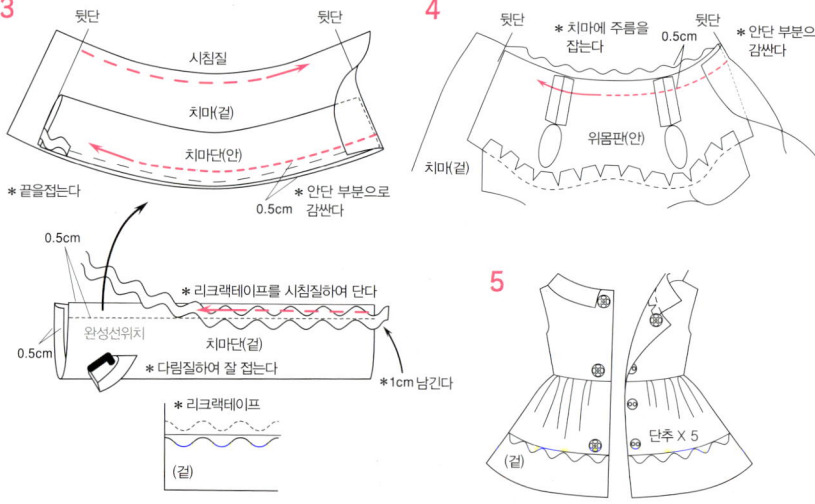

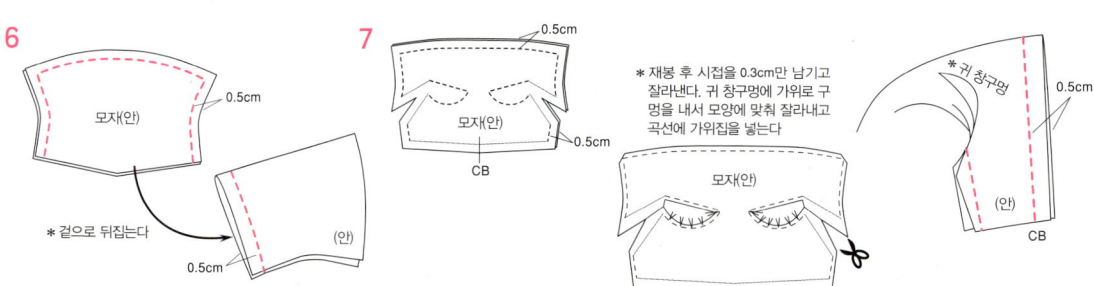

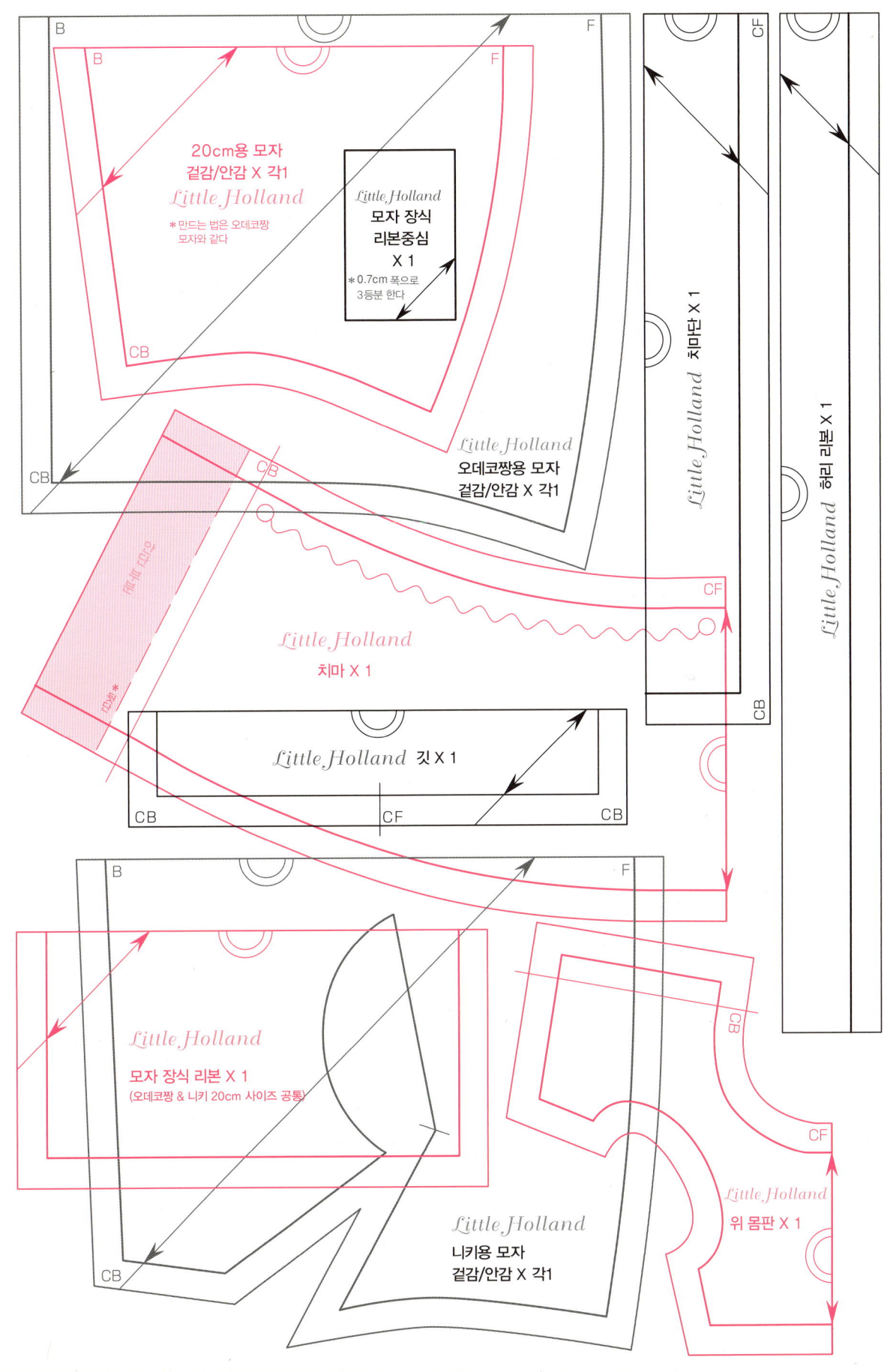

촬영 - 카츠라타카노리(이노우에사진스튜디오)
아트디렉션 - 타나카아사코(uNdercurrent)
기획·편집 - 오무라세이코, 타나카아사코

협력
이팡비　www.effanbeedoll.com　｜　인티그리티토이즈재팬
CAFÉ BAR-B　www1.odn.ne.jp/barbiefashion　｜　세키구치　www.sekiguchi.co.jp
토큐세미나BE 시부야교　www.tokyu-be.jp　｜　BIC　www.barbieinchiba.com
프로젝트브리더　www.projectbreeder.com　｜　펫웍스　www.petworks.co.jp
마텔인터내셔널　www.barbiecollector.jp　｜　연금술공방　www.alchemiclabo.com

편집협력　Dollybird, 월간 호비재팬 편집부
special thanks = 미야노봉제, orange honey, 쿠조유카리

옮긴이 안나진
오사카예술대학을 졸업했으며 도서, 영화, 드라마, 다큐멘터리, 웹툰 등 한국문화 콘텐츠를 일본어로 번역하는 일을 하고 있다.
『처음 시작하는 인형옷 패턴 교과서』 『올 어바웃 모모코 돌』 등을 번역했다.

초판 1쇄 2021년 10월 12일

지은이 미츠바치 케이토　옮긴이 안나진
펴낸이 설응도
영업책임 민경업　디자인책임 조은교

펴낸곳 라의눈

출판등록 2014년 1월 13일(제2019-000228호)
주소 서울시 강남구 테헤란로 78길 14-12(대치동)
　　　동영빌딩 4층
전화 02-466-1283　팩스 02-466-1301

문의 (e-mail)
편집　editor@eyeofra.co.kr
마케팅　marketing@eyeofra.co.kr
경영지원　management@eyeofra.co.kr

ISBN : 979-11-88726-85-1 13630

이 책의 저작권은 저자와 출판사에 있습니다.
저작권법에 따라 보호를 받는 저작물이므로
무단전재와 복제를 금합니다.
이 책 내용의 일부 또는 전부를 이용하려면 반드시
저작권자와 출판사의 서면 허락을 받아야 합니다.
잘못 만들어진 책은 구입처에서 교환해드립니다.

Dolly Dress Book 手づくりの小さなお洋服
ⓒ Kate Mitsubachi / HOBBY JAPAN All rights reserved.
Original Japanese edition published by HOBBY JAPAN CO.,Ltd
Korean edition copyright © 2021 by EyeofRa Publishing Co.,Ltd
This Korean edition is published by arrangement with HOBBY JAPAN CO.,Ltd., through AMO AGENCY, Seoul. Korea.

Odeco&Nikki™ © PetWORKs Co., Ltd. deconiki.jp ©SEKIGUCHI ©2010 Mattel, Inc., All Rights Reserved. ©Gentaro Araki ©Renkinjyutsu-Koubou,.INC momoko™ © PetWORKs Co., Ltd. Produced by SEKIGUCHI Co., Ltd. www.momokodoll.com Betsy McCall® is a registered trademark licensed for use by Meredith Corporation. ©2008 Meredith Corporation. All rights reserved. Produced under license by Effanbee Doll Company, Inc. ©2008 effanbee® doll company, inc. all rights reserved."dolls that touch your heart® is a registered trademark of the effanbee® doll company, inc. ©2005 Integrity Toys, Inc. and JWU LLC. All Rights Reserved.